AF601196

VENTE DES 5 ET 6 JUIN 1901

CATALOGUE

DE

BEAUX LIVRES MODERNES

comprenant une importante série d'Ouvrages

DE LA

PÉRIODE ROMANTIQUE

LIVRES ILLUSTRÉS DU XIXe SIÈCLE

Éditions originales d'Auteurs contemporains

EXEMPLAIRES SUR PAPIER DE LUXE, AVEC DESSINS ORIGINAUX ET AUTOGRAPHES

BELLES RELIURES des MEILLEURS RELIEURS du XIXe SIÈCLE

SIMIER, THOUVENIN, ALLÔ, CHAMBOLLE-DURU, CHAMPS, CUZIN, Marius MICHEL, Ch. MEUNIER, etc.

provenant de la

BIBLIOTHÈQUE D'UN AMATEUR DAUPHINOIS

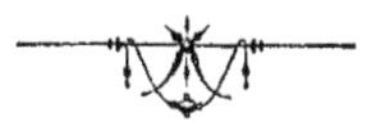

PARIS
E. RENART, EXPERT
30, RUE JACOB

1901

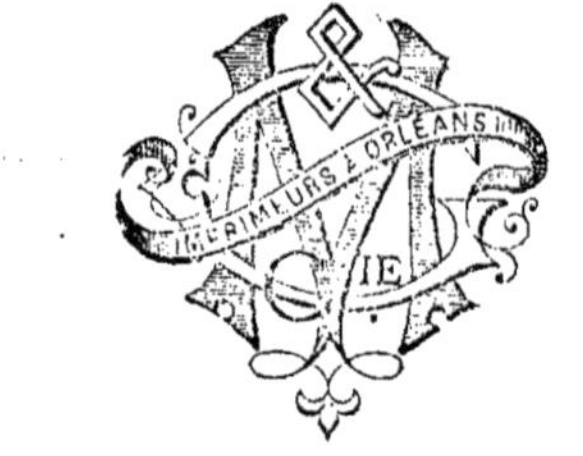
IMPRIMEURS A ORLEANS

LA VENTE AURA LIEU

Les 5 et 6 Juin 1901, à deux heures

HOTEL DES COMMISSAIRES-PRISEURS

Rue Drouot, 9

SALLE N° 8, AU PREMIER

Par le ministère de **Me René LYON,** Commissaire-Priseur

29, Rue Le Peletier

Assisté de M. E. RENART, Expert

30, RUE JACOB

CONDITIONS DE LA VENTE

La vente se fait au comptant.

Les acheteurs paieront 10 p. 100 en sus des enchères.

Les livres catalogués devront être collationnés sur place dans les vingt-quatre heures de l'adjudication. Passé ce délai et une fois sortis de la salle des Ventes, ils ne seront repris pour aucune cause.

L'Expert se réserve la faculté de diviser ou de grouper les articles catalogués selon les intérêts de la vente.

N. B. — Voir à la fin du catalogue l'ordre des vacations

CATALOGUE

1 **Aicard** (Jean). — La Chanson de l'Enfant, nouvelle édition ornée de 128 compositions par T. Lobrichon, avec la collaboration d'E. Rudaux, gravées sur bois par L. Rousseau. *Paris, G. Chamerot,* 1884, gr. in-8 br. couv. imprimées.

2 **Asselineau** (Charles). — Bibliographie romantique. Seconde édition revue et très augmentée avec une eau-forte de Bracquemond. — Appendice à la seconde édition de la Bibliographie romantique, suivi de la Table des noms des Ecrivains et des Artistes du XIXe siècle cités dans ce livre et de celle des Ouvrages qui y sont décrits. *Paris, P. Rouquette*, 1872-1874. Ensemble 2 vol. in-8, demi-rel., dos et coins de mar. rouge, dos orné, fil., tête dorée, non rogné (*Allô*).

Exemplaire auquel a été ajoutée une série de 10 vignettes, frontispices sur Chine volant par Tony Johannot. (Ex libris Jolly Bavoillot).

3 **Autran** (Joseph). — L'an 40. Ballades et poésies musicales, suivies de Marseille par Méry, avec vignettes par Ch. Gariot. *Marseille*, 1840, broch. gr. in-8 de 193 pages, avec 5 lithographies et 2 pl. de musique, br., couv. conservées, texte encadré.

Bel exemplaire non coupé.

4 **Balzac** (**de**). — Histoire de la grandeur et de la décadence de César Birotteau. *Paris*, 1838. 2 vol. in-8 br., couvertures imprimées.

Edition originale débrochée et avec les couvertures salies (manquent des coins à la couverture du tome premier).

5 — Splendeurs et Misères des Courtisanes. *Paris, L. de Potter*, 1845. 3 vol. in-8, cartonnés, demi-toile rouge, non rognés.

Édition originale avec les couvertures.

6 — Un début dans la vie. *Paris, Dumont*, 1844. 2 vol. in-8, cart. toile verte, non rognés, couv. imprimées. (*Quelques taches aux couvertures*).

Edition originale.

7 — (Œuvres complètes de). — Vignettes par MM. Tony Johannot, Meissonnier, Gavarni, Henri Monnier, Bertall, C. Nanteuil, Gérard, Seguin, Français, etc. *Paris, Veuve Alexandre Houssiaux*, 1870, 17 vol in-8 br., couv. imprimées.

Manquent tomes 1, 6 et 20.

8 **Bancel** (F.-D.). — Histoire des Révolutions de l'esprit français, de la langue et de la littérature française au moyen âge. Ouvrage posthume, avec préface par Antony Méray. *Paris,* 1878, petit in-8, pap. vergé cartonné, dos toile non rogné, portrait.

Tirage à petit nombre.

9 **Banville** (Théod. **de**). — Améthystes. Nouvelles Odelettes amoureuses, composées sur des rythmes de Ronsard. *Paris, Poulet-Malassis*, 1862, in-16 de 47 pages, y compris le faux titre et le titre, demi-rel., mar. bleu bradel, absolument non rogné (*Carayon*).

Édition originale avec la couverture.

10 **Banville** (Théod. **de**). — Les Cariatides. *Paris*, *Pilout*, 1842, in-12 demi-rel., dos et coins mar. rouge, filets, tête dorée, non rogné, portrait.

Édition originale très rare.

11 — Odes funambulesques, avec un frontispice à l'eau-forte gravé par Bracquemond, d'après un dessin de Ch. Voillemot. *Alençon*, *Poulet-Malassis et de Broise*, 1857, in-12, mar. rouge janséniste, dent intérieure, complètement non rogné, couv. conservées (*Cuzin*).

Superbe exemplaire de l'édition originale. Ex libris J. Noilly et Schuck. On a ajouté une épreuve du frontispice sur papier fort et un portrait frontispice de Th. Banville, tire en sanguine pour les Camées parisiens.

12 — Nouvelles Odes funambulesques. *Paris*, *A. Lemerre*, 1869, in-18 demi-rel. bradel, dos et coins de mar. vert, dos orné de feuillages dorés, fil. complètement non rogné, couv. conservées (*Ch. Meunier*).

Exemplaire non numéroté sur papier de Chine auquel on a ajouté 3 portraits tirés en 3 teintes différentes et un frontispice.

13 — **Eudore Cléaz**. Conte du jour de l'an. *Paris*, *Lemerre*, 1870, plaquette in-16. — La Mer de Nice. Lettres à un ami. *Paris*, *Poulet-Malassis*, 1861. — Poésies complètes (1841-1854). Édition revue et corrigée par l'auteur, avec un titre frontispice composé et gravé à l'eau forte, par Louis Duveau. *Paris*, *Poulet-Malassis*, 1857. Ensemble 3 ouvrages en première édition, *couvertures conservées*, *très fraîches*.

14 — **Les Cariatides**. Nouvelle édition. *Paris*, *Jules Tardieu*, 1874, in-16 br., couv. imp. — **Les Exilés**. *Paris*, *Lemerre*, 1867, in-12, demi-rel. chag. vert, tr. jaspées, portrait. — **Odes funambulesques**. Deuxième édition précédée d'une lettre de Victor Hugo, de stances par Auguste Vacquerie. *Paris*, 1859, in-12 demi-rel., dos et coins mar. rouge, tête dorée, non rogné. — **Poésies**. *Paris*, *Lemerre*, 1874, in-12 br., pap. teinté, demi-cart. bradel, vélin. non rogné. *Envoi d'auteur à Edouard Fournier*. — **Poésies complètes** : Les Cariatides, les Stalactites, le Sang de la Coupe, Roses de Noel. Edition définitive. *Paris*, *Charpentier*, 1879, in-12 br., couv. imp. Ensemble 6 volumes divers brochés et cartonnés.

15 **Barbey d'Aurevilly** (J.). — Du Dandysme et de G. Brummell. *Caen*, *B. Mancel*, 1845, in-12 carré, mar. rouge janséniste, dent intérieure, tr. dorées.

Bel exemplaire de l'édition originale tiré sur papier de Hollande avec le joli ex-libris de Joly-Bavoillot.

16 — XIXe siècle. — Les Œuvres et les Hommes. — Les Critiques ou les Juges jugés. *Paris*, *Frinzine*, 1885, in-8 br., couv. imp.

17 — Œuvres. — Une Vieille Maîtresse. *Paris*, *Lemerre*, 1874, in-12 br., pap. teinté, couv. imp. avec la suite des onze eaux-fortes dessinées et gravées par Félix Buhot dans le carton de l'éditeur.

18 **Baudelaire-Dufays**. — Salon de 1845. *Paris*, *Jules Labitte*, 1845, in-12, demi-rel. chagrin, tête jaspée, ébarbé.

Édition originale.

19 — Salon de 1846. *Paris*, 1846, in-12, demi-rel. mar. brun, non rogné, couv. conservées, mais un peu salies.

Édition originale.

20 **Baudelaire** (Charles). — Les Fleurs du Mal. Seconde édition augmentée de 35 poèmes nouveaux et ornée d'un portait de l'auteur dessiné et

gravé par Bracquemond. *Paris, Poulet-Malassis et de Broise*, 1861, in-12, demi-rel. bradel mar. rouge, coins, tête dorée, absolument non rogné, couv. conservées (*Durwant*).

21 **Baudelaire** (Charles). — Les Paradis artificiels. Opium et Haschisch. *Poulet-Malassis*, 1860, gr. in-12, demi-rel. mar. orange, complètement non rogné, couv. imp.

Edition originale. La couverture du premier plat a été conservée.

22 — Souvenirs, correspondances, bibliographie suivie de pièces inédites. *Paris, Pincebourde*, 1872, in 12 tiré in-8, demi-rel., dos et coins de mar. rouge, dos orné à petits fers, filets, tête dorée, non rogné (*Allô*).

Exemplaire auquel on a ajouté : 2 portraits de Baudelaire, épreuves sur Chine ; portrait de Th. Gautier, d'Alexandre Dumas père, de Diderot, d'Alfred de Vigny, de Lamartine, de Victor Hugo, de Méry, de Corneille et d'Asselineau.

23 — Théophile Gautier. — Notice littéraire précédée d'une lettre de Victor Hugo. *Paris, Poulet-Malassis et de Broise*, 1859, in-12, pap. vélin, titre rouge et noir, texte encadré de filets noirs, cart. toile pleine, complètement non rogné, couv. imp., très fraîches (*Pierson*).

24 — Richard Wagner et Tannhauser. *Paris, Dentu*, 1861, in-12 br., couvertures imprimées.

Bel exemplaire, rare.

25 — Le Tombeau de (—), ouvrage publié avec la collaboration de Stéphane Mallarmé, Coppée, Lemonnier, Verhaeren, Viélé-Griffin, etc., précédé d'une étude sur les ventes de « La Fleur du Mal », commentaires et variantes par le prince Alexandre Ourousof et suivi d'œuvres posthumes, interdites ou inédites de Charles Baudelaire, recueillies par les soins de MM. le vicomte de Spoelberch de Lovenjoul, prince Alexandre Ourousof, Louis de Saint-Jacques et vicomte Aug. Gilbert de Voisin. Frontispice de Félicien Rops, *Paris, Bibliothèque artistique et littéraire*, 1896, gr. in-8, bradel, dos et coins mar., filet, dos décoré en mosaïque d'une tête de mort et de fleurs, tête dorée, non rogné, couv. conservée (*Meunier*).

Tirage total à 245 exemplaires.
Un des exemplaires sur vélin d'Angoulême dans un beau cartonnage symphonique de Meunier.

26 **Beauchesne** (A. de). — Le Livre des jeunes mères. *Paris, H. Plon*, 1868, in-8, demi-rel., mar. bleu, coins, dos orné, tr. dorées (*Lemardeley*).

Un des 300 exemplaires sur papier vélin blanc.

27 — Louis XVII, sa vie, son agonie, sa mort. Captivité de la famille royale au Temple. Ouvrage enrichi d'autographes, de portraits et de plans. *Paris, Plon frères*, 1852, 2 vol. in-8, veau violet, filets formant encadrement orné fleurs de lys, tr. dorées.

Bel exemplaire.

28 **Becque** (Henry). — Souvenirs d'un auteur dramatique. *Paris, Bibliothèque artistique et littéraire*, 1898, in-12 carré, pap. vélin d'Angoulême, br., couv. conservée.

29 **Béranger** (Œuvres complètes de). — Nouvelle édition illustrée par J.-J. Grandville. *Paris, H. Fournier*, 1839, 3 vol. in-8, cartonnés, dos toile complètement non rogné.

Exemplaire lavé et encollé, auquel on a ajouté 30 figures de la suite de Deveria, avec encadrements.

30 **Bertrand** (Louis). — Gaspard de la nuit, fantaisies à la manière de Rembrandt et de Callot, précédé d'une notice de Sainte-Beuve. *Angers*,

Pavie, 1842, in-8 demi-rel. mar. lavallière, dos orné de motifs dorés, fil, tête dorée, non rogné, couv. très fraîches.

Très bel exemplaire de l'edition originale avec un joli exlibris, dessiné par Giacomelli.

31 **Bertrand** (Louis). — Gaspard de la nuit, fantaisies à la manière de Rembrandt et de Callot, nouvelle édition, précédée d'une introduction de Ch. Asselineau. *Paris*, *R. Pincebourde*, 1869, frontispice de Rops, épreuve sur Chine, petit in-8, papier de Hollande, br., couv. impr.

Un des 350 exemplaires sur papier de Hollande.

32 **Borel** (Pétrus). — Rhapsodies. *Paris*, *Levavasseur*, 1832. in-16, frontispice et vignettes, demi-rel.. dos et coins de mar rouge, grain long. dos orné aux petits fers, fil., absolument non rogné, couv. conservée.

Edition originale dans une reliure de Mercier (succ. de Cuzin), et avec un envoi signé Pétrus « A mon frère Napol Thom ».

33 **Bourgeois** (Emile). — Le Grand siècle, Louis XIV, les Arts, les Idées, d'après Voltaire, Saint-Simon, Spanheim, Dangeau, Mad. de Sévigné, La Bruyère, Laporte, Le *Mercure de France*, La princesse Palatine, etc. *Librairie Hachette*, 1896. Exemplaires en feuilles

L'ouvrage comprend 30 livraisons illustrées de 500 figures sur bois. dans le texte et de 22 héliogravure gravées en taille douce

34 **Bouilhet**. — Poésies posthumes, Dernières chansons, préface de G. Flaubert. *Paris*, *Michel Lévy*, 1872. in-8 cartonné, tr. jaspées, portrait.

35 **Bourget** (Paul). -- Cruelle Enigme. *Paris*, *Lemerre*, 1893, petit in-8 demi-rel, dos et coins mar. orange, dos orné de fers en long tête dorée, non rogné, figures, portrait sur japon ajouté, couv. et dos de la couv. conservés (*Durvant*).

Très bel exemplaire sur papier de Chine.

36 **Brillat-Savarin**. — Physiologie du goût ou Méditations de gastronomie transcendante, par un professeur. *Paris*, *A. Sautelet*, 1826. 2 vol. in-8, demi-rel de l'époque, veau fauve, dos orné, complètement non rognés.

Bel exemplaire de l'edition originale, avec un envoi d'auteur sur le titre.

37 **Champfleury**. — Histoire de la Caricature antique, troisième édition très augmentée. — Histoire de la Caricature au moyen âge et sous la Renaissance, deuxième édition très augmentée, *Paris*, *Dentu*, s. d. — Histoire de la Caricature moderne, troisième édition très augmentée, *Paris Dentu*, s. d. — Histoire des Faïences patriotiques sous la Révolution, troisième édition avec gravures et marques nouvelles, *Paris*, *Dentu*, s. d. (quelques jaunissures dans le papier). — Histoire de l'Imagerie populaire, nouvelle édition revue et augmentée, *Paris*, 1886. — Le Musée secret de la Caricature, *Paris*, 1888. Ensemble 6 vol., in-12 br., couvertures.

38 — Les Bourgeois de Molinchart. *Paris*, *Locard*, *Davi et de Vresse*, 1855. 3 vol. in-8, demi-rel., bradel, mar. bleu foncé janséniste, absolument non rogné. Couvertures très fraîches conservées.

Bel exemplaire de l'édition originale avec envoi d'auteur signé du roman le plus célèbre de Champfleury.

39 — Les Chats. Quatrième édition, ornée de 80 dessins par E. Delacroix, Mérimée, Grandville, Mamet, etc. *Paris*, *Rotschild*, 1870, in-12, demi-rel., dos et coins de mar. brun, filets, tête dorée, non rogné (*Ch. Meunier*).

Bel exemplaire dans une jolie reliure symbolique. Le titre se trouve sur une bande de maroquin violet et les fers qui ornent le dos représentent des chats groupes d'une façon originale. On a joint le portrait de l'auteur sur chine, celui du chat de Victor Hugo et un portrait frontispice en triple état par Bracquemond.

40 **Champfleury**. — Chien-Caillou, fantaisies d'hiver. *Paris*, 1847, in-12, demi cart. bradel, dos et coins toile grise, complètement non rogné, couvertures conservées.

Bel exemplaire lavé et encollé.

41 — Monsieur de Boisdhyver, frontispice à l'eau-forte d'A. Gautier. *Paris*, *Poulet Malassis*, 1861, in-12, cart. demi-toile non rogné.

Ex-libris de Goreuff, tache d'encre sur le bord des premières pages.

42 — Grandes figures d'hier et d'aujourd'hui: Balzac, Gérard de Nerval, Wagner, Courbet, avec 4 portraits gravés à l'eau forte par Bracquemond. *Paris*, *Poulet-Malassis et de Broise*, 1861. — Histoire de l'Imagerie populaire. *Paris*, *Dentu*, 18[illegible], figures. Ensemble 2 vol. in-12, cart. dos toile non rognés, couvertures.

Premières éditions.

43 — Henri Monnier, sa vie, son œuvre, avec un catalogue complet de l'œuvre et 100 gravures fac-simile. *Dentu*, 1879, in-8 cartonné, dos toile non rogné.

44 **Champsaur** (Félicien). — Pierrot et sa conscience, dessins de Gorguet. — La Gomme, illustrations de Caran d'Ache, Chéret, Mars, Rops, etc. — Les Bohémiens, ballet lyrique, dessins de Chéret, Willette, etc. — Lulu, pantomime en un acte, préface d'A. Houssaye, illustrations de Chéret. — Entrée de clowns, *Lévy*, 1886. Ensemble 5 ouvrages, petit in-8 et in-12 br. couv. imprimées en coul.

45 **Chamisso** (A. de). — Pierre Schlémihl. *Paris*, *chez Ladvocat*, 1822. in-12 cart. toile non rogné, fig. gravée.

Edition originale de cette nouvelle par Adalbert de Chamisso. (Il y a plusieurs cahiers transposés.)

Histoire merveilleuse de Pierre Scheinyl ou l'homme qui a vendu son ombre, suivie d'un choix de poésies, illustrations de H. Pille. *Paris*, *L. Westhausser*, 1888, gr. in-8 br., couv. impr. Ensemble 2 vol.

46 **Châteaubriand**. — Atala ou les amours de deux sauvages dans le désert, riand. *Paris*, *Migneret*, *an IX* (1801), in-16 rel. bas., tr. jaune.

Edition originale rare.

47 **Chevigné** (le Cte L. M.-J. de). — La chasse et la pêche, suivies de poesies diverses. *Paris*, *F. Didot*, 1836, in-12 pap. velin, avec lithogr. de J. David, demi-mar. bradel, complètement non rogné.

Bel exemplaire avec lettre autographe du comte de Chévigné, auteur des Contes rémois, datée de son château de Boursault. Très beau portrait ajouté.

48 — Contes rémois (les), dixième édition, ornée d'un nouveau portrait, gravé à l'eau-forte par Flameng. *Paris*, *Lemerre*, 1873, in-16 cart. toile pleine, non rogné.

Exemplaire sur papier de Chine.

49 **Collection** de Petits Classiques Français. *Paris*, *N. Delangle*, 1826, 8 vol. in-18 cart. velin blanc, non rogné (*Pierson*).

Cette collection imprimée à 500 exemplaires aux frais et par les soins de Ch. Nodier et N. Delangle, avec les caractères de Jules Didot aîné, comprend : Voyage de Chapelle et Bachaumont, Poésies du Chevalier d'Aceilly. Madrigaux de M. de la Sablière ; Œuvres de Sarrazin ; la Guirlande de Julie. Œuvres de Sénèce : Conjuration du comte de Fiesque par le cardinal de Retz; Relation des campagnes de Rocroi et de Fribourg par Henri de Bessé.

50 **Coppée** (François). — Le Passant, comédie en un acte, en vers. *Paris*, *A. Lemerre*, 1869, in-12 pap. vélin, cart. demi-toile non rogné (*Cournont*).

Edition originale.

51 **Darzens** (H.). — Le Théâtre libre illustré. *Paris*, *Dentu*, 1889-91, gr. in-8 demi-rel., dos et coins mar. vert, filet, dos orné d'attributs symboliques, tête dorée, non rogné (*Ch. Meunier*).

Exemplaire sur papier japon. A la fin on a relié les couvertures des 16 numéros qui composent cette publication. La couverture de la première livraison a été placée en tête du Recueil. Le motif principal de la décoration de la reliure est formé par les tables de la loi avec cette inscription : « Les droits de l'homme et de l'écrivain français ». Au-dessus dans un décor de feuillages le bonnet phrygien en maroquin rouge avec la cocarde républicaine. Très curieuse reliure.

52 **Daudet** (Alph.). — La double conversion, conte en vers. *Poulet-Malassis*, 1861, in-16, front. à l'eau forte, demi-rel. dos et coins de mar. rouge, tête dorée, non rogné, couverture.

Edition originale.

53 — Fromont jeune et Risler aîné, Mœurs parisiennes. Edition précédée de l'histoire de ce livre et ornée de deux dessins par Dagnant Bouveret, reproduits en fac-simile par l'héliogravure. *Paris*, *Dentu et Charpentier*, 1881, grand in-8 br., couv. imp.

Un des 10 exemplaires numérotés sur papier de Chine, fig. avant et avec lettre.

54 — L'Immortel, Mœurs parisiennes. *Paris*, *A. Lemerre*, 1888, in-16 demi-cart. bradel, dos et coins toile bleue, non rogné.

55 — Sapho, Mœurs parisiennes. Dix illustrations de Rejchan, gravure à l'eau-forte, vignettes dans le texte, par C. Montaigut. Collection Charpentier, maison *Quantin*, 1888, grand in-8, demi-rel., dos et coins mar. bleu, dos plat orné de filets et de motifs dorés, tête dorée, non rogné, couvertures conservées (*L. Pouillet*).

56 — Tartarin sur les Alpes, Nouveaux exploits du Héros tarasconnais, illustré d'aquarelles. Edition du *Figaro*. *Paris*, *Calmann-Lévy*, 1885, in-8 br.

57 **Deliquescences** (les), poèmes décadents d'Adoré Floupette. *Byzance*, *chez Léon Vanné*, 1885, in-16, demi-rel., dos et coins mar. vert, dos orné, tête dorée, non rogné, couv. conservée. ()*Pagnant*).

Amusant pastiche par MM. Henri Beauclair et Gabriel Vicaire, illustré de 16 aquarelles originales de J. Coulon, dans le style byzantin.

58 **Delphi** (Fabrice). — Les peintres de la Bretagne. *Paris*, Edition de l'art et de ses amateurs, 1898, in-12 br., couv. imp.

Exemplaire illustré de 16 aquarelles originales de Georges Cabanès.

59 **Delvau** (A.). — Au bord de la Bièvre, impressions et souvenirs. *Paris*, *J. Bry*, 1854, in-12, demi-rel. bradel, dos et coins mar. rouge, non rogné, couv. conservées.

Edition originale de toute rareté.

60 — Les Cythères parisiennes, histoire anecdotique des bals de Paris, avec 24 eaux-fortes et un frontispice de F. Rops et Em. Thérond. *Paris*, *Dentu*, 1864, in-12, demi-rel. bradel, dos et coins mar. violet, non rogné (*Rousselle*).

61 — Françoise, chapitre inédit des Quatre Sergents de la Rochelle, avec une eau-forte d'Emile Thérond. *Paris*, *Achille Faure*, 1865, in-16 demi-rel. mar orange bradel, coins, complètement non rogné, couverture et dos de la couverture conservées (*Champs*).

62 — Le Fumier d'Ennius, avec une eau-forte de Léop. Flameng. *Paris*, *A. Faure*, 1865, in-12, demi-rel., dos et coins mar. violet, complètement non rogné (*Rousselle*).

63 **Delvau** (A). — Les Heures parisiennes, avec 25 eaux-fortes d'Em. Benassit. *Paris, Librairie Centrale*, 1866, in-12, demi-rel, dos et coins mar. orange, dos mosaïqué avec motifs de mar. bleu, tête dorée, non rogné, couv. conservées (*Durwant*).

Bel exemplaire dans une jolie reliure très fraîche.

64 — Histoire anecdotique des Barrières de Paris, avec 10 eaux-fortes, par Emile Thérond. *Paris*, 1865, in-18, demi-rel., dos et coins mar. vert, filets, tête dorée, non rogé, couv. conservées, portrait de Delvau ajouté (*Canape*).

Très bel exemplaire.

65 — Histoire anecdotique des cafés et cabarets de Paris, avec dessins et eaux-fortes par G. Courbet, L. Flameng et F. Rops. *Paris*, *Dentu*, 1862, in-12, demi-rel., dos et coins mar. violet, non rogné (*Rousselle*).

66 — Lettres de Julius. *Paris. Dentu*, 1862, in-12, relié vélin blanc, triple filet doré sur le dos et les plats, tête dorée, non rogné (*Champs*).

Ex-libris romantique

67 — Sonneurs (les) de Sonnets (1540-1866). *Paris*, *Bachelin Deflomine*, 1867, in-32, pap. vergé, titre rouge et noir, demi-rel. bradel dos et coins de mar. rouge, complétement non rogné.

Edition originale. Rare.

68 **Deshoulières** (Mad.). — Œuvres choisies, avec une préface, par M. de Lescure, frontispice gravé par Lalauze. *Paris*, *Librairie des Bibliophiles*, 1882, in-16, pap. vergé, demi-rel. mar. bleu, tête dorée, non rogné.

69 **Desmares** (Eugène). — Les métamorphoses du jour, ou La Fontaine en 1831, avec vignettes dessinées par H. Monnier et gravées par Thompson. *Paris*, *Delaunay*, 1831, 2 vol. in-8, demi-rel. veau vert, tr. marbrées. Rel. de l'époque.

Fortes jaunissures dans le papier.

70 **Desnoyers** (F.). — Le Théâtre de Polichinelle, prologue en vers. *Paris*, *Poulet-Malassis*, 1861, petit in-8 carré, frontispice gravé à l'eau-forte, demi-toile bradel, coins, non rogné, couv. conservées (*Pierson*). *Bel exemplaire de cette plaquette dans laquelle on a intercale une circulaire autographiée de Poulet-Malassis, sur la manie des Bibliophiles pour les couvertures.* — Le Rabelais de poche avec un dictionnaire pantagruélique, tiré des œuvres de F. Rabelais. *A Alençon, chez Poulet-Malassis et de Broise*, 1860, in-16, frontispice gravé, demi-rel., mar. jaune, dos orné, tr. jaspées. Ensemble, 2 vol.

71 **Divers.** — Antimore (Théop d'). Petits portraits de gourmands, 1864, in-16 br. — Etrennes du Parnasse pour l'année 1874, illustrée, d'eaux-fortes et publiées par les journaux la Renaissance artistique et littéraire et Paris à l'eau-forte. *Paris*, *Michel Levy*, in-16 demi-rel. veau, tr. marbrées. — Genlis (Mad. de). Mademoiselle de Clermont, nouvelle édition avec miniatures. *Paris*, *Jules Tardieu*, 1861, in-16 demi-rel. mar. vert, tête dorée, non rogné (*Lemardeley*). — Gill (A.). La Muse à Bibi, *Paris*, *C. Marpon et E. Flammarion*, s. d., in-16 cart. dos toile, coins, non rogné, couv. imp. *Exemplaire imprimé sur papier à lettre.* — E. et J. de Goncourt. La Lorette avec un dessin de Gavarni, gravé par Jules de Goncourt. *Paris*, 1883, in-16 carré, papier de Hollande, demi-rel. mar. bleu, complètement non rogné. — Karr (Alph.). Nouvelles guêpes, *Paris*, *Blanchard*,

1853-1854, 5 vol. in-18, anglais, br. — Michu (Claude). Il a son plumet, *Paris*, 1868, petit in-12, demi-rel. dos et couv. veau foncé, tr. rouges. *Exemplaire avec envoi d'auteur autographe signé au directeur de Sainte-Pélagie 30 août* 1848. — Monselet (Ch.). Panier fleuri, prose et vers, *Paris*, *Bachelin-Deflorenne*, 1873, in-12 cart. velin, tr. rouge, avec titre calligraphié. — Monselet (C.). La revue sans titre, *Paris*, *Bachelin-Deflorenne*, 1877, in-16 br. papier vergé, couv. vélin. — Nouveau Keepsake français. Souvenir de littérature contemporaine, *Paris*, *Louis Janet*, s. d. in-16 br. non rogné, couv. papier de l'époque avec l'étiquette imprimée portant le titre et le nom des principaux collaborateurs, jolie gravure anglaise en tête du volume. *Fortes jaunissures*. — Sand (G.). La marquise, suivi de la Fauvette du docteur. *Paris*, *collection Hetzel*, *Blanchard*, 1853, in-12 br. couv. imp. — Sandeau (Jules). Un jour sans lendemain, *Paris*, *Michel Levy*, 1853, petit in-18 br., couv. imp. — Ensemble 16 vol. in-16 et in-18 reliés et brochés.

72 **Divers.** — **Carel (A.)**. Histoire anecdotique des Contemporains, *Paris*, *A. Chevalier-Marescq*, 1885, gr. in-8 br., papier teinté, portraits, couv. imp. en couleurs. — Banville (Th. de), Odes funambulesques, deuxième édition, précédée d'une lettre de Victor Hugo, 1859, in-18 br., couvertures salies et fatiguées, *exemplaire débroché et défraîchi*. — Baudelaire (Ch.). Petits poèmes en prose, les Paradis artificiels, troisième édition. *Paris*, 1877, in-12, demi-rel. chagrin brun, tr. jaspées. — Beauchesne (de), Souvenirs poétiques, troisième édition revue, corigée et augmentée, *Paris*, *Guyot* et *Dentu*, 1834, in-8, demi-rel. mar. bleu, coins, dos orné, tr. dorées (*Lemardelcy*). — Chénier (André), Poésies de (—), précédées d'une notice par H. de Latouche' nouvelle édition, ornée d'un beau portrait d'André Chénier, *Paris*, *Charpentier*, 1854, in-12 br., *couv. conservées et un peu salies*. — Coquerel (Ath.), Rembrandt et l'individualisme dans l'art, *Paris*, *Cherbuliez*, 1869, petit in-12 br., couv. imp. — Gautier (Théo.), Caprices et zigzags, *Paris*, *Victor Lecou*, 1852, in-12, demi-rel. chagrin, non rogné, *Première édition dans le format in-12*. — Heine (Henri), De tout un peu. *Paris*, 1867, in-12, cart., dos toile, tr. jaspées. — Hoffmann, traduction Champfleury, Contes posthumes. *Paris*, 1856, in-12 br., *mouillures*. — Louisa Siefert (Mad. J. Pène), Souvenirs rassemblés par sa mère, poésies inédites, *Paris*, *G. Fischbacher*, 1881, in-12, demi-chagrin, ébarbé (portrait en photographie). — Marieton (Paul), Joséphin Soulary et la Pléiade lyonnaise. *Paris*, *Marpon*, 1884, in-12 br., pap. teinté, couv. imp., portrait. — Nadar, Le droit au vol. *Paris*, *Hetzel*, s. d., in-16 cart., dos et coins toile grise, non rogné, couv. imp., envoi d'auteur signé (*ex-libris Paul Bellon*). — Pirmez (Octave), Heures de philosophie, seconde édition. *Paris*, 1881, in-12, demi-rel. veau fauve, coins, tr. jaspées. — Poe (Edgar). Histoires grotesques et sérieuses, traduites par Ch. Baudelaire. *Paris*, 1864, in-12 br., couv. imp. — Poe (Edgar), Nouvelles extraordinaires, traduction de Charles Baudelaire, *Paris*, *Ch. Lévy frères*, 1857, in-12, demi-rel. veau brun, tr. jaspées. — Schiller, Séjour à Venise, traduit de l'allemand par M***. *Paris*, 1825, petit in-12, demi-rel. veau, tr. jaspées. — Silvestre (Armand), Le Péché d'Eve, illustrations de Rochegrosse. *Paris*. *Rouveyre*, 1882, in-12, demi-rel. basane. — Tennyson (Alfred), Maud, poème, préface et traduction par Henri Fauvel, *Le Havre*, 1892, in-16 br., couv. imp. — Tour (le) de France du fils de Giboyer ou Recueil complet des jugements exprimés au sujet de la comédie de M. Em. Augier (le Fils de Giboyer). *Paris*, *L. Gosselin*, 1864, broch. in-8 de 180 pages, couv. imp. —

Voillet de Saint-Phillibert, Epingles politiques (1832-1844). *Tours*, 1880, in-18 br., couv. imp. — Zau (Fernand), Emile Zola. *Paris*, *C. Marpon*, 1880, in-12 de 68 pages, br. Ensemble 21 volumes br. et rel.

73 **Don Juan** (Ouvrages sur). — Ferrand (Jules). Le mariage de Don Juan, conte espagnol, *Paris*, 1883, in-16. — Laverdant (Désiré). Don Juan converti, drame en sept actes, *Paris, Hetzel*, s. d., in-18. *Envoi d'auteur signé.* — — Les Renaissances de Don Juan. Histoire morale du théâtre moderne. *Paris, Hetzel*. s. d. 2 vol. in-12. — Ensemble 4 vol. br.

74 **Dovalle** (**C.**). Le Sylphe, poésies de feu Ch. Dovalle, précédées d'une notice par M. Louvet et d'une préface par Victor Hugo. *Paris, Ladvocat*, 1830, demi rel., dos et coins mar. lavallière, dos orné, double filet, complètement non rogné.

Un des rares exemplaires de l'édition originale sur papier rose.

75 **Drouineau**. Le manuscrit vert, *Paris, Gosselin*, 1832, 2 vol. in-8 cart. toile bradel, non rogné, couv. (*Pierson*).

Bel exemplaire lavé et encollé, orné de deux vignettes de Tony Johannot gravées sur bois tirées sur chine volant. Ex-libris moderne.

76 **Droz** (**Gustave**). Monsieur, madame et bébé, édition illustrée, par Edouard Morin et ornée d'un portrait de l'auteur en frontispice gravé par Léopold Flameng, *Paris, V. Havard*, 1878, gr. in-8, demi-rel. bradel mar. vert, tête dorée, non rogné.

77 **Dumas fils** (**Alex**). La dame aux Camélias, préface par M. J. Janin, *Paris, M. Levy frères*, 1872, gr. in-8, portrait de la Dame aux camélias, br., couv. imp. très fraîches.

L'un des 500 exemplaires sur papier de hollande de cette édition spéciale revue et corrigée par l'auteur auquel on a joint une lettre autographe de Dumas fils, fort humoristique.

78 **Dupont** (**P.**). Chants et chansons (poésie et musique), ornés de gravures sur acier d'après les dessins de Tony Johannot, Andrieux Gavarni, C. Nanteuil, Staal, etc., etc. *Paris, Lécrivain et Toubon*, 1851-1852-1854, 4 vol. demi-rel. dos et coins mar. brun, dos orné d'attributs lyriques, fil. tête dorée non rogné, couv. conservée (*Conapc*).

Très bel exemplaire de premier tirage,

79 **Enault** (**Louis**). Dans les bois, imité de l'allemand, dessins par Weber, gravés par Sargent, troisième édition. *Paris, J. Rothschild*, 1870, demi rel. dos et coins de mar. olive, non rogné, couv. imp. conservée (*R. Magnin*).

Bel exemplaire de cette édition de luxe.

80 **L'empire** des légumes. Mémoires de Cucurbitus Ier, recueillis et mis en ordre par MM. Eugène Nus et Antony Meray, dessins par Amedée Varin. *Paris, G. de Gonet, Martinon*, libraire et chez *C. Twietmeyer à Leipzig*, gr. in-8, demi-rel, tête dorée, non rogné.

Bel exemplaire lavé et encollé de premier tirage.

81 **Flaubert** (**G.**). La tentation de Saint-Antoine. *Paris*, 1880, in-12 demi-rel. dos et coins de mar. citron, filets, tête dorée, non rogné.

Un des 100 exemplaires sur papier de hollande. On a relié à la fin un article d'Ed. Drumont et une carte de visite de Gustave Flaubert écrite au crayon, adressée au Dr Favre pour le remercier de sa conférence sur la tentation de Saint-Antoine.

82 **Fongeray (de).** Les soirées de Neuilly. Esquisses dramatiques et historiques, ornées du portrait de l'éditeur et d'un fac simile de son écriture, deuxième édition. *Paris, Moutardier*, 1828, 2 vol. in-8 cart. bradel, complètement non rogné.

Fongeray est le pseudonyme collectif de Cavé et Ad. Dittmer. Le portrait est d'Henry Monnier.

83 **Fromentin** (Eugène). — Un été dans le Sahara (1874). — Une année dans le Saphel (1879). *Paris, Lemerre*, 2 vol. in-8, demi-rel. bradel, dos et coins mar. orange, complètement non rognés, couv. conservées (*Rousselle*).

Superbe exemplaire.

84 **Gautier** (H^te^). — L'an 1789, gr. in-4, papier vélin, avec 630 gravures dans le texte, 100 gravures tirées à part et 54 cartes.

Exemplaire en feuilles.

85 **Gautier** (Th.). — Albertus ou l'Ame et le Péché, légende théologique, *Paris, Paulin*, 1833, in-18, frontispice de Célestin Nanteuil tiré sur chine, demi rel. mar. vert olive, coins, entièrement non rogné, couverture et dos de la couverture conservées (*Roparlier*).

Le frontispice est un peu plus court et la couverture du premier plat a été réparée. La plus rare des eaux-fortes de Célestin Nanteuil pour l'œuvre de Th. Gautier.

86 — Les Beaux-Arts en Europe (1855), première et deuxième séries. *Paris, Michel Lévy frères*, 1855, 2 vol. in-18 br., couv. imp. très fraîches.

87 — Celle-ci et celle-là. La jeune France passionnée. *Paris, Eug. Didier*, 1853, in-16 cart. demi-toile. non rogné, couv. conservées, mais défraîchies.

Edition originale.

88 — La Comédie de la mort. *Paris, Dessessart*, 1838, gr. in-8, frontis. de Louis Boulanger gravé sur bois par Lacoste, demi-rel., dos et coins mar. tête de nègre, dos orné, fil, absolument non rogné (*Canape*), couverture de toute fraîcheur conservée.

Superbe exemplaire de l'édition originale en papier vélin.

89 — Emaux et Camées. *Paris, Eug. Didier*, 1852, in-16, demi-rel., dos et coins mar. rouge, tête dorée, non rogné (*Belz-Niegrée*).

Edition originale.

90 — Emaux et Camées. Seconde édition augmentée. *Paris, Poulet-Malassis*, 1858, in-12, front. gravé par Thérond, cart. demi-toile, non rogné, couv. conservées mais salies.

Mouillure au bord de la marge du dernier cahier.

91 — Emaux et Camées. Edition définitive, ornée d'une eau-forte, par J. Jacquemart. *Paris, Charpentier*, 1874, in-12, demi-rel., dos et coins de mar. vert, dos plat orné de filets, dans le style romantique double filet, tête dorée, non rogné (*L. Pouillet*).

92 — Emaux et Camées. Cent douze dessins de Gustave Fraipont, préface par Maxime du Camp, de l'Académie française. *Paris, Librairie L. Conquet*, 1887, in-16, papier vélin, demi-rel. mar. bleu, coins, dos orné de filets et motifs dorés, tête dorée, non rogné, couverture conservée (*Bretault*).

93 — Fortunio, nouvelle édition, revue par l'auteur. *Paris, Delloye*, 1840, in-12, figure, demi-cart., dos et coins toile bleue, absolument non rogné, couv. conservées.

94 **Gautier** (Th.). — Les Grotesques. *Paris, Dessessart*, 1844, 2 vol. in-8, demi-rel., dos et coins de mar. bleu, dos orné de filets dans le style romantique, orné, complètement non rogné, couvertures très fraîches conservées (*Canape*).

Bel exemplaire de l'édition originale lavé et encollé.

95 — Histoire du Romantisme, suivie de notices romantiques et d'une étude sur la poésie française. *Paris, Charpentier*, 1874, in-12 cart. sur broche, dos et coins de toile grise, tête dorée, non rogné.

96 — Honoré de Balzac, édition revue et augmentée, avec un portrait gravé à l'eau forte par E. Hédouin. *Paris, Poulet-Malassis*, 1859, in-16, demi-rel. veau rouge, tr. jaspées.

Exemplaire court de marges.

97 — Jean et Jeannette, par Théophile Gautier. *Paris, Baudry*. s. d., 2 vol. in-8, demi-rel., dos et coins mar. violet, dos orné de petits fers dans le goût romantique, complètement non rogné (*Champs*).

Bel exemplaire de l'édition originale lavé et encollé. Une fente réparée à la page 125.

98 — La Jeune France, romans goguenards, frontispice dessiné et gravé par F. Rops, sur l'imprimé de Paris (1833). *Amsterdam*, 1866, demi-rel., dos et coins de mar. vert, dos orné, filets, tête dorée, non rogné (*Champs*).

99 — Mademoiselle de Maupin, double amour. *Paris, Eug. Renduel*, 1835-1836, 2 vol. in-8, demi-rel mar. bleu grain long, dos orné de fers dans le goût de l'époque, tête dorée.

Exemplaire lavé et encollé, assez court de marges, timbres de cabinet de lecture sur le titre et le dernier feuillet. Edition originale fort rare.

100 — Mademoiselle de Maupin, avec un portrait de l'auteur gravé par Eug. Abot, et un portrait de Mlle de Maupin, par Th. Gautier, reproduit en fac-simile. *Paris, Charpentier*, 1880, in-12, papier vergé, cartonnage papier vélin blanc, non rogné.

Epuisé.

101 — Ménagerie intime. *Paris, A. Lemerre*, 1869, in-16, papier teinté, couv. imp.

Edition originale.

102 — Pierrot posthume, arlequinade en un acte et en vers, par MM. P. Siraudin et Th. Gautier. *Paris, Beck*, 1847, broch. gr. in-8 de 12 pages, texte à 2 colonnes, couv. imp.

Très rare.

103 — Poésies qui ne figureront pas dans ses œuvres, précédées d'une autobiographie ornée d'un portrait singulier. *France, imprimerie particulière*, 1873, in 8 de 84 pages, demi-rel. mar. bleu, tête dorée, non rogné.

Tiré à 162 exemplaires, l'un des 150 exemplaires sur papier de Hollande.

104 — Les Roués innocents. *Paris, Dessessart*, 1847, in-8, demi-rel., dos et coins mar. bleu, tête dorée, ébarbé.

Exemplaire lavé et encollé, timbre de cabinet de lecture sur la premiere page, qu'on a tenté de dissimuler sous un dessin humoristique à l'aquarelle.
Ex-libris romantique.

105 — Salon de 1847. *Paris, Hetzel, Warnod et Cie*, 1847, in-16 cart., dos toile, non rogné, couvertures conservées.

Les couvertures sont défectueuses.

106 **Gautier** (Th.). — Une Larme du Diable, deuxième édition. *Paris, Dessessart*, 1839, in-8, demi-rel, dos et coins mar. rouge à grains longs, dos orné de jolis fers romantiques, filets, complètement non rogné, couv. imp. réparées et un peu salies (*Canap.*).

Edition parue à la même date que l'édition originale avec mention de deuxième édition. Très rare.

107 — Tombeau (le) de (—). *Paris, A. Lemerre*, 1873, in-8 carré, papier vergé, reliure chagrin rouge, dos orné, fers à la Dusseuil sur les plats, tête dorée, non rogné, dent. intérieure.

Portrait de Th. Gautier sur chine volant ajouté.

108 **Gavarni**. — Masques et visages. *Paris, Paulin* et *Le Chevallier*, 1857, in-8 carré, demi-cartonnage, dos et coins de toile bleue, absolument non rogné.

Bel exemplaire lavé et encollé avec les couvertures.

109 **Ghil** (René). — Légendes d'Ames et de Sang, des Vers. *Paris, L. Frinzine et Cie*, 1885, in-8 jésus. *Envoi d'auteur signé à M. Robert Caze.* — Légendes de Rêve et de Sang, livre II, le Geste ingénu, *Paris, L. Vanier*, 1887, in-8. *Envoi d'auteur signé à L. Ulback.* — Traité du Verbe, *Bruxelles, Deman*, 1888, plaquette in-4 papier vergé anglais. *Tirée à 100 exemplaire, couv. imprimée, portrit de l'auteur.* Ensemble 3 vol. br.

110 **Glatigny** (Albert). — Le jour de l'an d'un vagabond, eau-forte de A. Gill. *Paris, Lemerre*, 1870, in-16 demi-rel. dos et coins mar. orange, couv. conservées.

Seconde édition augmentée d'une préface, d'une complainte, du procès-verbal de l'arrestation de Glatigny.

111 — Vers les Saules, comédie. *Paris, Lemerre*, 1870, in-16, demi-rel mar. vert, genre bradel, coins, absolument non rogné, couv. conservée (*Champs*).

Un des quelques exemplaires sur papier de chine.

112 — Les Vignes folles, poésies, avec un frontispice de Ch. Voillemot, gravé à l'eau-forte par Bracquemond. *Paris, Librairie nouvelle*, 1860, in-8 rel mar. brun clair, dos à nerfs avec filets formant décor à compartiment sur le dos et les plats, tr. dorées, gardes de soie brochée, avec encadrement, mar. orné de 5 filets dorés, doubles gardes de papier couleur (*Marius Michel*).

Edition originale auquel on a ajouté une lettre de l'auteur à l'acteur Rouvière.

113 **Gœthe**. — Faust, tragédie, par A. Stapfer, la traduction revue et corrigée par le Dr C.-M. Friedlander. *Bruxelles*, 1838, in-16 cartonné non rogné, portrait lithographié et 26 figures au trait, couv. imp.

114 — Faust, traduction revue et complétée, précédée d'un essai sur Gœthe par M. Henri Blaze, édition illustrée par Tony Johannot. *Paris, Michel Lévy frères et Dutertre*, 1847. gr, in-8, demi-rel, mar. orange dos plat, orné de jolis fers romantiques, coins avec double filet, tête dorée ébarbée, couv. conservée (*Rousselle*).

Très bel exemplaire.

115 — Faust, orné de dessins de J.-P. Laurens, gravés par Champollion, *Librairie des bibliophile, Paris*, 1885, gr, in-8 br., couv. impr.

Un des 25 exemplaires sur papier de chine fort avec double épreuve des gravures (avant et avec la lettre).

116 **Grand Carteret** (John). — Raphaël et Gambrinus ou l'Art dans la Brasserie, frontispice de Marcellin Desboutin, illustrations de Pille, Jeanniot, Dantan, Regamey, etc.. *Paris, L. Westhausser*, 1886, in-8 pap.

teinté demi-vélin blanc tête dorée, non rogné, couv. conservée. — Wagner en caricatures, portraits et autographes de Wagner, reproduction de 130 caricatures françaises et étrangères. *Paris, librairie Larousse*, s. d.. in 8 br. couv. impr. *Un des 20 exemplaires entièrement colorié à la main.* Ensemble 2 vol.

117 **Gresset.** — Ver Vert, ou les voyages du perroquet de la Visitation de Nevers, poème héroï-comique en quatre chants. Nouvelle édition publiée par G. d'Heylli, eaux fortes de MM. Guillaumot père et fils. *Paris, Rouquette*, 1867, gr. in-8 br.

Un des 400 Exemplaires sur papier vergé.

118 **Hoffmann** (E.-T.-A.). — Œuvres choisies, traduites de l'allemand par Théodore Toussenel et par le traducteur des Romans de Veit Weber. *Paris, G. Lefèvre et Cie.* 1883, 4 vol. petit in-16, demi-cart. vélin blanc, non rogné.

Quelques taches dans le papier.

119 **Hoffmann** (E.-T.-A.). — Contes fantastiques de (—). Traduction précédée d'une notice sur la vie et les ouvrages de l'auteur par H. Egmont, ornée de vignettes d'après les dessins de Camille Rogier. *Paris, Perrotin*, 1840, 4 vol. in-8 veau bleu, dos orné, tr. tr. jaspées.

Figures sur acier. Reliure de l'époque.

120 — Contes fantastiques, traduction de Loëve-Veimars. Illustrations de Lalauze. *Paris, Librairie des Bibliophiles*, 1883, 2 vol. in-16, dos et coins de mar. lavallière, tête dorée, non rogné, couv. conservées. (*Ch. Meunier*).

Un des 25 exemplaires sur papier de chine avec les figures de Lalauze avant et avec la lettre dans une jolie reliure symbolique de Charles Meunier. Le titre frappé sur mar. grenat est surmonté d'un chat argenté. Le dos est orné de notes de musique, de branches de chardons et d'attributs macabres, curieusement combinés.
Ex-libris du docteur Balp.

121 **Houssaye** (Arsène). — Cent et un sonnets, *Paris, E. Dentu*, 1875. in-12, pap. vergé, demi rel. mar. brun. tête dorée, non rogné (*Courmont*).

Une planche double, imprimée en sanguine, se dépliant.

122 — Les Légendes de la Jeunesse. *Paris, E. Dentu*, 1890. gr. in-8 pap. vélin, gravure sur acier, cart. bradel, vélin blanc avec fers dorés sur le dos et les plats, couv. imp. conservées, non rogné.

123 **Huart** (L.). — Muséum parisien. Histoire physiologique, pittoresque, philosophique et grotesque de toutes les bêtes curieuses de Paris et de la banlieue, pour faire suite à toutes les éditions des Œuvres de M. de Buffon, 350 vignettes par MM. Grandville, Gavarni, Daumier, Traviès, Lécurieux et H. Monnier. *Paris, Beauger et Cie*, 1841, gr. in-8 demi-bradel, mar. bleu, dos plat orné de fers dans le goût de l'époque, non rogné.

Très bel exemplaire lavé et encollé.

124 **Hugo** (V.). — Les Burgraves, trilogie. *Paris, E. Michaud*, 1843, in-8, demi-rel. bradel dos et coins mar. vert grain long, couv. conservées.
Bel exemplaire de l'édition originale lavé et encollé

125 — Les Chansons des rues et des bois. *Paris, A. Lacroix et Verboeckhoven et Cie*, gr. in-8 demi-rel. dos et coins mar. bleu foncé, dos orné de filets genre romantique, complètement non rogné, couv. conservées (*Champs*).

Bel exemplaire de l'édition originale.

126 **Hugo** (V.). — Hernani ou l'Honneur Castillan, drame. *Paris*, *Mame et Delaunay-Vallée*, 1820, in-8 rel. mar. violet foncé, dos et plats ornés de filets avec ornements aux angles, tr. dorées.

Bel exemplaire de l'édition originale, dans une reliure de l'époque, auquel on a ajouté deux portraits de Victor Hugo, par P. Chesnay, d'après Hopwood, cinq portraits de Mlle Mars et cinq portraits d'acteurs ayant créé les rôles de ce drame célèbre.

127 — Hernani, drame en cinq actes, un portrait d'après Devéria et quinze compositions de Michelena gravées à l'eau-forte par Baisson. *Paris, librairie Conquet*, 1890, gr. in-8 papier vélin, demi-rel. dos et coins mar. brun, dos orné, tête doré non rogné, couv. conservées (*Champs*).

128 — Lucrèce Borgia, drame, *Paris*, *Eugène Renduel* 1883, in 8, frontispice de Célestin Nanteuil, tiré sur chine, mar. rouge janséniste, large dentelle intér., tr. dorées (*Cuzin*).

Exlibris Ed. Schultz. On a ajouté le portrait de Victor Hugo, gravé par Louis Monziès, d'après Devéria, épreuve sur chine volant, avant lettre.

129 — Notre-Dame de Paris. *Paris*, *Eugène Renduel*, 1836, in-8, demi-rel., veau rouge, dos orné, tr. jaspées.

Exemplaire avec la suite des 12 gravures sur acier, épreuves sur chine.

130 — Notre-Dame de Paris, Sculpture de Falguière, compositions de Bieler, FalguièreMyrbach et Rossi, gravées par Ch. Guillaume. *Paris*, *Ed. Guillaume*, 1888, petit in-8 sur vélin des papeteries du Marais dans son emboîtage original avec la figure en relief de l'Esméralda dansant, sculptéepar Falguière, couverture en soie rose.

Epuisé.

131 — Notre-Dame de Paris. Edition nationale. *Paris*, *E. Testard et Cie*, 1889, 2 vol. in-4, demi-rel., mar. rouge, dos orné du fer dit « à la Cathédrale », coins, tête dorée non rogné (*Durwand*).

132 — Odes et poésies diverses. *Paris*, *Pélicier*, 1822. Nouvelles odes, *Paris*, *Lavocat*, 1824. Odes et ballades, *Paris*, *Lavocat*, 1826. Ensemble, 3 vol. in-18, demi-rel., dos et coins mar. bleu foncé complètement, dos orné, filets, non rogné (*Champs*).

Editions originales. Les nouvelles odes ont la couverture et le dos de la couverture de publication. Pour les odes et ballades, le frontispice est en deux états, avant et avec la lettre.

133 — Les Orientales, seconde édition. *Paris*, *Ch. Gosselin*, *H. Bossange*, 1829, petit in-12, frontispice sur chine (*Clair de Lune*, gravé par C. Cousin), demi-rel., dos et coins de mar. bleu, dos orné, filets tête dorée non rogné (*David*).

Edition originale in-12.

134 — Les Rayons et les Ombres, poésie (tome VII des Œuvres complètes). *Paris*, *Delloye*, 1840, in-8, demi-rel. veau. brun tr jaspées.

Edition originale.

135 — Ruy-Blas (œuvres complètes de Victor Hugo), drame, tome VII), *Paris*, *Delloye*; *Leipzig chez Brockaus et Avenarius*, 1838, in-8, demi-rel. mar. brun clair, dos orné, coins filets, complètement non rogné. (*Durwand-Thivet*).

Edition originale.

136 — Ruy-Blas, drame en cinq actes, 1 portrait et 15 compositions d'Adrien Moreau, gravées par Champollion. *Paris*, *Conquet* 1889, gr. in-8, demi-rel. mar. vert grain long, dos orné, coins, filets, tête dorée, non rogné (*Champs*).

137 **Hugo** (V.). — Œuvres. Edition elzévirienne, Ornements, par E. Froment. *Paris*, *J. Hetzel et Cie*, 1869, 10 vol. in-18 raisin, imprimés par Jouaust, cart. velin blanc à recouvrement, non rognés, couvertures conservées (*Pierson*).

Réunion complète dans une boîte *ad hoc* des 10 vol. de l'Œuvre poétique de Victor Hugo. Exemplaire sur papier de chine de toute fraîcheur, rare.

138 **Hugo (Ouvrages relatifs à)** — Boyer (Philoxène). Le Rhin et les Burgraves, lettres à M. Victor Hugo, *Grenoble*, 1849, br. in-8 de 251 pages. — Discours de Nemo (Ignotus), successeur de Victor Hugo, prononcé à l'Académie française le jour de sa réception, épitaphe de Victor Hugo, publiés par Assez Tortu (Courtat). *Paris*, 1877, br. in-8 de 112 pages. — Le Canu, chez Victor Hugo, par un passant avec 12 eaux-fortes de Maxime Lalanne. *Paris*, broch. in-8, demi-rel., tr. jaspées. — Walter Jehan, la première de *le Roi s'amuse*, 22 novembre 1832, avec une lettre autographe, trois dessins de Victor Hugo et deux portraits. *Paris*, *Calmann-Lévy*, 1882, in-18 br. couv. imp. — *Un des 99 exemplaires sur papier de Hollande*. Ensemble, 4 vol. br. et relié.

139 **Huysmans** (J.-K.). — La Bièvre et Saint-Séverin. *Paris*, *Stock*, 1898, in-12, pap. vélin, br., couv. imprimées.

Edition originale.

140 **Huymans** (J.-K.). — La Cathédrale. *Paris*, *Stock*, 1898, in-12 br., couv. imprimées.

Edition originale.

141 **Jacquemart** (Albert). — Histoire du mobilier, avec une notice sur l'auteur, par M. Barbet de Jouy. Ouvrage contenant plus de 200 eaux fortes typographiques (procédé Gillot), par Jules Jacquemart. *Paris*, *Hachette*, 1876, grand in-8 br., couvertures défraichies, mouillure et petite fente au bas du titre.

142 **Janin** (J.). — L'Amour des Livres. *Paris*, *J. Miard*, 1806, in-16, demi-rel , dos et coins de mar. brun-vert, dos orné d'attributs variés (miroir et oiseaux), filets, absolument non rogné, couv. conservées.

Tiré à 204 exemplaires. L'un des 200 exemplaires sur papier vergé auquel on a joint 4 portraits de l'auteur.

143 — L'âne mort et la femme guillotinée, 2 tomes en un volume, in-18, demi-rel. veau fauve, dos orné de fers à froid et de motifs dorés, tr. marbrés, deux vignettes gravées sur bois les titres.

Edition originale dans une bonne reliure de l'époque, figure ajoutée.

144 — L'âne mort et la femme guillotinée, deuxième édition. *Paris*, *Delangle frères*, 1830, in-18, frontispice gravé et fig. de A. Johannot, cartonnage toile pleine, complètement non rogné, couv. conservées.

145 — La Confession, par l'auteur de l'Ane mort et de la femme guillotinée. *Paris*, *A. Mesnier*, 1830, 2 tomes en un vol. in-12, cart. vélin blanc, avec titre calligraphié au dos du volume et les plats décorés d'un filet rouge, tr. rouge (*Savler-Hirou*).

Joli exlibris moderne.

146 **Joyeusetez** (Les), Facecies et folastres imaginations de **Caresme Prenant**, Gauthier Garguille, Guillot-Gerin, Roger Bontemps, etc. Et se vend chez *Téchener*, *libraire*, 1836, petit in-8, papier vergé, cartonné, non rogné.

Tiré à 76 exemplaires.

147 **Lacroix** (P.). — Mœurs, usages et costumes au moyen âge et à l'époque de la Renaissance. Ouvrage illustré de quinze planches chromolithographiques et de 440 gravures. *Paris, Firmin Didot et Cie*, 1871, grand in-8, demi-rel. mar. rouge, coins, tête dorée, non rogné.

Premier tirage.

148 — Vie militaire et religieuse au moyen âge et à l'époque de la Renaissance. Ouvrage illustré de 14 chromolithographies et de 409 figures sur bois. *Paris, Firmin Didot*, 1873, grand in-8, demi-rel. mar. rouge janséniste, coins, tête dorée, non rogné.

Premier tirage.

149 — Sciences et lettres au moyen âge et à l'époque de la Renaissance. Ouvrage illustré de 13 chromolithographies et de 400 gravures sur bois. *Paris, Firmin Didot*, 1877, grand in-8 br.

150 — XVIIIe siècle. Institutions, Usages et Costumes. France, 1700-1789. Ouvrage illustré de 21 chromolithographies et de 350 gravures sur bois. *Paris, Firmin Didot*, 1875, grand in-8 broché, couv. imprimées.

Premier tirage.

151 — XVIIe siècle. Institutions, Usages et Costumes. France, 1590-1700. Ouvrage illustré de 16 chromolithographies et de 300 gravures sur bois dont 20 tirées hors texte d'après les monuments de l'art de l'époque. *Paris, Firmin Didot et Cie*, 1880, grand in-8 broché, couv. imprimées.

Premier tirage.

152 **Lafontaine**. — Contes et Nouvelles en vers. *Paris, chez A. Barraud*, 1874, 2 vol. in-8, rel. mar. bleu janséniste, dent intérieure, tr. dorées (*Malraison*).

Exemplaire sur chine contenant la réimpression de la suite des figures d'Eisen pour l'édition dite des Fermiers généraux. On a ajouté la suite des jolies gravures de G. Staal, épreuves avant lettre sur chine monté sur bristol. Le dessinateur Fesquet a illustré ce livre de jolis en-tête de sa composition.

153 **Laforgue** (Jules). — Les Complaintes, in-12. — L'imitation de Notre-Dame-la-Lune. *Paris, L. Vanier*, 1886, in-16. Ensemble deux plaquettes br., couv. imp.

Rares.

154 — Moralités légendaires. Tome Ier. *Société du Mercure de France*, 1897, petit in-8, papier vergé, cartonnage demi-toile, non rogné.

Le frontispice, les bordures et les lettres ornées ont été dessinés et gravés sur bois par Lucien Pissaro, et le livre fut achevé le 14 janvier 1897 à Epping (Essex) (Angleterre). Cette édition est strictement limitée à 220 exemplaires, dont 200 pour la vente.

155 **Lamartine** (de). — Chant du Sacre ou la Veillée des Armes. *Paris, Urbain Canel et Baudoin frères*, 1825, in-8 de 64 pages, couv. impr., non rogné.

Edition originale.

156 — Harmonies poétiques et religieuses, vignettes de Tony Johannot, *Paris, Gosselin* 1830, 2 vol. in-8 demi-rel. mar. bleu, dos à nerf orné de lyres, ébarbé (*Amand*).

Bel exemplaire de l'édition originale dans une nouvelle reliure dans le goût de l'époque, avec une décoration appropriée au sujet du livre. Portrait de l'auteur ajouté au tome premier, et un frontispice d'Alf. Johannot au tome second.

157 **Larchey** (Lorédan). — Dictionnaire historique, étymologique et anecdotique de l'argot parisien. Sixième édition des Excentricités du langage, revue, corrigée et mise à la hauteur des Révolutions du jour. Illustrations de F. Férat, Rydkebush et Sahib. *Paris, F. Polo*, 1873, grand in-8 br., couv. imprimées.

158 **Leconte de Lisle.** — Les Erinnyes, tragédie antique en deux parties, en vers, avec introduction et intermèdes pour orchestre. Musique nouvelle de J. Massenet. *Paris, Lemerre*, 1873, in-16, pap. teinté, couv. imprimées.

159 — Poésies barbares. *Paris, Poulet-Malassis*, 1862, in-12, cartonné, dos toile, non rogné.

160 **Le Livre des Enfants.** — Contes de Fée, choisis par Mesd. Elise Voïart et Amable Tastu. *Paris, Paulin*, 1837-38, 6 vol. pet. in-8 carré, demi-rel. bradel, dos et coins de mar. vert, dos orné de fers dans le goût de l'époque, fil., complètement non rogné (excepté le tome V), (*Canape*).

Bel exemplaire lavé et encollé de ce livre illustré destiné à la Jeunesse et dont les exemplaires complets sont introuvables. Les nombreuses illustrations sont dues à Gigoux, Baron, Grandville, Gérard-Seguin, Lorentz, Meissonnier, Traviès, Levasseur, Perlet, etc.

161 **Loti** (P). — Aziyadé. Stamboul, 1876-1877. Extrait de notes et letttres d'un lieutenant de la marine anglaise. *Paris, Calmann-Lévy*, 1879, in-12 cart. dos toile, complètement non rogné, couverture et dos de la couverture conservés.

Edition originale avec la couverture blanche.

162 **Loti** (P.). — Jésusalem. *Paris, Calmann-Lévy*, 1895, in-12, demi-rel. dos et coins mar. orange, dos plat orné d'attributs symboliques mosaïqués et dorés, filets, tête dorée, non rogné, couv. impr. très fraîches (*Ch. Meunier*).

Très bel exemplaire.

163 **Loti** (P.). — Madame Chrysanthème. *Paris, E. Guillaume*, 1888, in-18, sculpture de Falguière, illustrations de Rossi et de Myrbach gravées par Ch. Guillaume.

Exemplaire sur vélin des papeteries du Marais, dans un élégant emboîtage doublé de soie décoré d'une branche de chrysanthème frappée en or et du motif de Falguière en relief.

164 — Matelot. Illustrations de Myrbach. *Paris, A. Lemerre et Guillaume*, in-12 br., pap. teinté, couv. impr., figures.

165 **Lucien.** — Dialogues des Courtisanes, traduction et notices par A.-J. Pons, illustrations par H. Scott et F. Meaulle. *Paris, A. Quantin*, 1881, in-16, mar. vert clair janséniste, dent intérieure, tr. dorées.

De la collection des chefs-d'œuvre antiques.

166 **Lurine** (L.). — Les rues de Paris, Paris ancien et moderne. Ouvrage rédigé par l'élite de la littérature contemporaine, sous la direction de L Lurine et illustré de 300 dessins exécutés par les artistes les plus distingués. *Paris, G. Kugelmann*, 1844, 2 vol. gr. in-8 cart. toile pleine, avec fers spéciaux, tr. dorées. *Cartonnage de toute fraîcheur.*

Petite tare facile à réparer sur le faux-titre du tome second.

167 **Mallarmé** (Stéphane). — L'après-midi d'un Faune, Églogue. Nouv. édition avec frontispice. ex-libris, fleuron et cul-de-lampe, par Manet. *Paris, Vanier, bibliopole*, 1887, plaquette in-8 de 16 p., pap. Japon, couv. impr.

168 **Martin** (H.). — Minuit et midi (1630-1649). *Paris, Eug. Renduel*, 1832, in-8 demi-rel., dos et coins mar. vert, dos orné de jolis fers romantiques, filet, complètement non rogné, couvertures conservées. (*Champs*).

Très bel exemplaire de l'édition originale.

169 **Maupassant** (Guy de). — Bel ami, Cent trois illustrations par Ferdinand Bac. *Paris, P. Ollendorff*, 1895, demi-rel. bradel, dos et coins de mar. rouge janséniste complètement non rogné, couv. conservées.

Un des 75 exemplaires sur papier de chine, numéroté à la presse.

170 **Mérimée** (Prosper). — La Chambre bleue, nouvelle dédiée à Mad. de la Rhune. *Bruxelles, librairie de la place de la Monnaie*, 1872, gr. in-8 demi-rel. mar. bleu, janséniste, genre bradel, coins, absolument non rogné, couv. conservée.

Un des 100 exemplaires sur papier vélin, auquel on a ajouté 1 lettre autographe de l'auteur à M. Perrot.

171 — La Chambre bleue, nouvelle écrite pour l'impératrice Eugénie, seconde édition augmentée. *France et Belgique*, 1872, petit in-8 br., couv. imprimée.

Très rare.

172 — Colomba, illustrations de Gaston Vuillier. *Calmann-Lévy*, 1897, in-12, demi-rel. bradel, dos et coins de mar. rouge, filets, dos à nerfs orné de jolis fers, complètement non rogné (*Carayon*).

Un des cent exemplaires sur chine ; on y a ajouté la suite des 2 figures de Worms, gravées par Champollion, épreuves sur Chine avant lettre pour l'édition Charpentier.

173 — Théâtre de Clara Gazul, comédienne espagnole. *Paris, H. Fournier jeune*, 1830, in-8, demi-rel. mar. bleu, dos orné, complètement non rogné, couvertures conservées. (*P. Affolter*).

Seconde édition originale contenant deux pièces de plus que la première : l'Occasion et le Carosse du Saint-Sacrement.

174 **Monnier** (H.). — Les bas-fonds de la Société. *Paris, Jules Claye*, 1862, in-8, demi-rel. mar. rouge, dos orné, coins, tête dorée, non rogné.

Première édition tirée à 200 exemplaires. Frontispice sur chine par Rops.

175 — Scènes populaires dessinées à la plume. Nouvelle édition. *Paris, Dentu*, 1890, gr. in-8, demi-bradel mar. lie de vin, coins, complètement non rogné. Couv. conservées (*R. Magnin*, de Lyon.)

Très bel exemplaire.

176 **Monselet** (Charles). — Les Créanciers, œuvre de vengeance avec une cruelle eau-forte d'Emile Benassit. *Paris, chez R. Pincebourde*, 1870, plaquette in-8, couverture pap. parchemin teinté, avec frontispice en triple état.

Un des 80 exemplaires sur papier de Hollande 1er choix.

177 **Montifaud** (Marc de). — Les Romantiques avec un portrait de Victor Hugo, datant de l'époque romantique, gravé par Hanriot. *Paris*, 1878, in-12 br.

Un des cent exemplaires sur grand papier de Hollande, qui a été rebroché après qu'on y eut intercalé 44 portraits des principaux auteurs et artistes de l'époque romantique, quelques-uns rares.

178 **Murger** (Henry), par Th. Pelloquet, photographie par Pierre Petit. *Paris, Bourdilliat et Cie*, 1861, in-16 br., couv. imp. *Rare.* — Les Nuits d'hiver. Poésies complètes, suivies d'études sur Henry Murger. *Paris, Lévy frères*, 1861, in-12, demi-rel., dos et coins de mar. bleu, filet, tête dorée, non rogné, portrait ajouté. *Les coins de la reliure sont froissés.* Ensemble 2 volumes.

179 **Musset** (A. de). — L'Anglais mangeur d'opium. Traduit de l'anglais par A.-D. M... *Paris, Mame et Delaunay-Vallée*, 1828, in-12 rel., bradel mar. rouge à gros grains, dent intérieure, entièrement non rogné (*Pouillet*).

Edition originale fort rare, bel exemplaire.

180 **Musset** (A. de). — Contes d'Espagne et d'Italie. *Paris, A. Levavasseur et U. Canel*, 1830, in-8, rel. mar. rouge ancien, dos à nerf avec ornements aux petits fers, triple filet sur les plats, tr dorées sur brochure, nombreux témoins, dentelle intérieure (*Chambolle-Duru*).

Edition originale.

181 — Un spectacle dans un fauteuil. *Paris, Renduel*, 1833, in-8, demi-rel., dos et coins mar. rouge, filet, dos orné de fers dans le style romantique, entièrement non rogné, couv. conservées (*Champs*).

Bel exemplaire lavé et encollé auquel on a ajouté la rarissime eau-forte de C. Nanteuil, gravée pour cet ouvrage.
Ex-libris de Ch. Morizet.

182 **Nodier** (Ch.). — Le Bibliomane, vingt-quatre compositions de Maurice Leloir, gravées sur bois par F. Noël, préface de R. Vallery Radot. *Paris, L. Conquet*, 1894, in-16, pap. vélin, demi-rel. mar. vert, dos orné, titre sur piécette de mar. rouge, absolument non rogné, couv. conservées. (*Ch. Meunier*).

Bel exemplaire auquel on a ajouté 2 portraits de l'auteur. Tirage à 350 exemplaires.

183 — Histoire du roi de Bohême et de ses sept châteaux. *Paris, Delangle frères*, 1830, vignettes dans le texte gravées sur bois par Porret, d'après Tony Johannot, in-8, demi-rel. veau vert, dos orné, absolument non rogné. (*Reliure de l'époque*).

Exemplaire sur papier vélin fort bien conservé.

184 — La Seine et ses bords. Vignettes par Marville et Foussereau, publiés par M. A. de Mure de Pelanne. *Paris, au bureau de la publication*, 1836, in-8 pap. vélin, demi-rel., dos et coins de mar. rouge, fil., dos plat avec filets et motifs dorés, non rogné, couv. impr. (*Canape*).

Très bel exemplaire lavé et encollé et de premier tirage. Illustré de 54 planches hors texte gravées sur bois et de quatre cartes de la Seine.

185 **O'Neddy** (Philothée). — Feu et Flamme. *Paris*, 1833, in-8, frontispice sur chine gravé par Célestin Nanteuil, mar. rouge à compartiments, dos orné, dent intérieure, tête dorée, non rogné (*Capé*).

Magnifique exemplaire d'un recueil de poésies de toute rareté. Il porte un envoi à M. Ch. Asselineau, signé O'Neddy. On y a joint une lettre autographe signée de 2 pages in-8, adressée au même, par Théophile Dondey, nom véritable de l'auteur de Feu et Flamme et son portrait. Ex-libris d'Asselineau et de F. Schuck, grave d'après Giacomelli.

186 — **Ouvrages** galants imprimés à l'étranger. — Cailhava de l'Estendoux. — Le Soupé des Petits Maîtres, ouvrage moral, réimpression sur l'édition de l'an VI, avec les épisodes retranchés de celle de 1782. *Bruxelles*, 1870, in-12, cart. vélin blanc à recouvrement, tête rouge, non rogné, couv. conservées. *Les estampes annoncées sur le titre n'ont pas paru.* — Kock (Ch.-Paul de). Contes en vers. *Bruxelles*, 1839, in-12 br., couv. imp. — Kock (Paul de). Une Gaillarde. *Bruxelles*, 1849, 5 tomes en 2 vol. in-18 cartonné, toile, non rogné, couv. conservées. — Souvenirs d'une Cocodette, écrits par elle-même. *Leipzig*, 1878, in-12, demi-rel. mar. bleu clair, dos orné, tête dorée, non rogné. *Un des 449 exemplaires sur papier vergé de Hollande.* Ensemble 4 volumes brochés et reliés.

187 **Parnasse** contemporain (Le). — Recueil de vers nouveaux. *Paris, Lemerre*, 3 vol. gr. in-8, cart. vélin blanc à recouvrement, complètement non rogné (*Pierson*).

Années 1866, 1869, 1876.

188 **Parnassiculet** contemporain (Le). — Recueil de vers nouveaux, précédé de l'Hôtel du Dragon bleu et orné d'une très étrange eau-forte, deuxième

édition. *Paris*, *J. Lemerre*, 1872, in-16, pap. bleu, demi-rel., dos et coins mar. vert, dos orné aux petits fers, filet, tête dorée, non rogné (*Allô*).

Un des 20 exemplaires sur papier de couleur avec eau-forte en noir, en bistre et en rouge.

189 **Péladan** (Joséphin). — La Décadence latine. Ethopée. Huitième roman. L'Androgyne, couverture de Séon, eau-forte de Point. *Paris*, *Dentu*, 1891, in-12, demi-rel. mar. vert foncé, dos et coins, dos orné d'attributs symboliques, tête dorée, non rogné (*Ch. Meunier*).

Un des 10 exemplaires sur papier de chine, avec 3 états de l'eau-forte avant la lettre.

190 **Penhoët** (Olivier et Tanneguy de). Polichinelle, drame en trois actes. Illustrations de G. Crueshanck. *Paris*, *Bureaux de l'Histoire pittoresque de l'Angleterre*, 1836, in-12, demi-rel., dos et coins mar. orange, fil. dos orné, dans le style romantique, non rogné, couv. cons.

Bel exemplaire lavé et encollé dans une ravissante reliure.

191 **Perrault** (Charles). — Les Contes des Fées en prose et en vers. Deuxième édition revue et corrigée sur les éditions originales et précédée d'une lettre-critique par Ch. Giraud (de l'Institut). *Lyon*, *imprimerie Louis Perrin*, 1865, in-8, pap. teinté, portrait et gravures avant lettre.

Exemplaire en feuilles dans le cartonnage de l'éditeur.

192 **Petite collection originale** publiée par *R. Pincebourde* (1865-1866). — La mort d'Alexandre le Grand et de Jules César (1865). — Béranger et son temps, par Jules Janin, 2 vol., frontispices gravés. Ensemble 3 vol. in-16 carré, cart. vélin blanc à recouvrement, non rognés.

193 **Pétrarque** (Poésies de). — Traduction complète, par le comte F.-L. de Grammont. Sonnets, canzones, triomphes. *Paris*, *Paul Masgana*, 1842, in-12, demi-veau vert ébarbé.

Edition rare dans une bonne reliure de l'époque.

194 **Pichat** (L.). — Chroniques rimées. *Paris*, 1856, in-8, pap. vélin, demi rel. mar. rouge, tête dorée, non rogné. *Exemplaire avec envoi d'auteur, auquel ont été ajoutées une phothographie et une poésie* manuscrite intitulée *Haceldama*, datée et signée, 5 octobre 1858. — Le Secret de Polichinelle. *Collection Hetzel*, *Paris*, 1862, in-12, papier de Hollande, demi-rel. mar. vert, tête dorée, non rogné. Ensemble 2 vol.

195 **Poe** (Edgard) Histoires extraordinaires. Nouvelles histoires extraordinaires, traduites par Charles Baudelaire. Edition illustrée de treize gravures hors texte dans chaque volume. *Paris*, *A. Quantin*, 1884, 2 vol. grand in-8, demi-rel., mar. vert olive foncé, tr. dorées (*Champs*).

Portrait au tome premier.

196 **Poésies de l'Empire et de la Restauration.** — Campenon. L'Enfant prodigue, poème en IV chants. *Paris*, *Delaunay*, 1811, in-8 cart., non rogné, autographe de l'académicien Auger. — Lemercier (L.-Népomucène). Comédies historiques. *A. Dupont*, 1828, in-8 demi-rel., dos et coins veau fauve, filet, tr. jaspées. — Lemercier (L.-Népomucène). Moyse, poème en quatre chants. *Bossange* père, 1823, in-8, demi-rel. v. rouge, coins, tr. jaunes. *Edition originale*. — Saint-Victor (J.-B. de). Le Voyage du poète, poème, seconde édition, revue, corrigée et augmentée. *H. Nicolle*, 1817. br. gr. in-8, cart. rouge bradel (*figure avant lettre*), non rogné. Ensemble 4 vol.

197 **Poètes comtemporains**, publiés chez *A. Lemerre*. — Berge (Jean). Les Extases, poésies. 1888, in-12 br., couv. imp. — Cœuille (Eugène).

Silhouettes animales. 1881, petit in-12 br. de 48 pages, papier teinté, br., couv. imp. *Envoi d'auteur signé sur le faux titre.* — Delthil (Camille). Poèmes parisiens : Miss Cora, Framès, Angélique. 1883, in-12 br., couv. imp. — Giraud (Albert). Pierrot lunaire. Rondels bergamasques. 1884, in-16 br., couv. imp. — Laurent Pichat. Avant le jour. 1868, in-12, demi-rel. mar. brun janséniste, coins, tête dorée, non rogné. — Lorrain (Jean). La forêt bleue, avec un dessin d'après S. Botticelli. 1883, in-12 broché, couv. impr. — Melvil (Francis). Les Voyageurs, poèmes légendaires. 1880, in 12 br., couv. *impr. défraîchies. Envoi d'auteur signé.* — Renaud (Armand). Drames du peuple, avec une étude littéraire par Sully-Prudhomme. 1885, in-12, br., couv. imp. *Taches d'encre à la page* 53. — Rodenbach (Georges). La Mer élégante, poésies, préface de Jean Aicard. 1881, in-12 br., *Couv. salies.* — Valabrègue (Antony). La chanson de l'Hiver. 1890, in-16 br., couv. conservées. Ensemble 10 ouvrages, dont un en demi-reliure.

198 **Poètes et Romanciers modernes**, chez divers éditeurs. — Bérenger (Henry). L'âme moderne. *Paris*, 1892, in-16 carré, br., couv. imp. — — L'Effort. *Paris, A. Colin et Cie*, 1893, in-12 br., couv. imp. — Bloy (Léon). Le Désespéré. *Paris, A. Soirat*, 1886, in-12, cart., dos et coins toile verte, non rogné, couvertures. *Envoi à Paul Verlaine : Hommage de l'admiration passionnée d'un blasphémateur par amour, signé Léon Bloy.* — Fénéon (Félix). Les Impressionnistes en 1886. *Paris*, 1886, broch. in-8 de 42 pages br. — Rimbaud (Arthur). Les Illuminations. Notice par Paul Verlaine. *Paris, Publications de la Vogue*, 1886, in-8 demi-cart., dos et coins toile grise, non rogné, couv. imprimées. — — Reliquaire. *Paris, Léon Genonceaux, éditeur*, 1892, in-16 br., papier vélin, couv. imp. (A la page XXVIII de la préface, le papier a une tache jaune.) Ensemble 6 ouvrages dont 2 cartonnés.

199 **Poètes contemporains**, édités par la *Bibliothèque artistique et littéraire.* — Dubus (Edouard). Quand les violons sont partis. 1892, in-18, papier simili-Hollande, couv. conservées, portrait sur papier Japon. *Envoi d'auteur signé.* — Raynaud (Em.). Les Cornes du Faune. Portrait in-16, pap. vergé. *Envoi d'auteur signé.* — Remacle (Adrien). La Passante, roman d'une âme, avec frontispice gravé sur cuivre, par Odilon Redon, in-12. *Un des* 420 *exemplaires sur papier de Hollande avec envoi signé et* 4 *vers inédits*. Ensemble 3 vol.

200 **Poètes** naturalistes ou décadents imprimés à Bruxelles. — Hannon (Théodore). Rimes de joie, édition définitive augmentée de douze pièces originales, eau-forte par un artiste en renom. *Bruxelles, Kistemaeckers*, s. d., in-18, couv. imp. — Nyst (Raymond). Plaquette in-8 tirée à 100 exemp., papier de hollande. *Bruxelles, Kistemaeckers*, 1889. *Sur la couverture, dessin en couleur à sujet macabre de Nestor Outer, répété sur la première page de l'ouvrage qui ne porte pas de titre.* — Poictevin (F.). Petitau. *Bruxelles, H. Kistemaeckers*, s. d., in-12 couv. imp. défraîchies. — Poictevin (Francis). Songes. *Bruxelles*, s. d., in-12 couv. imp. *La couverture du premier plat a une déchirure.* — Severin (Fernand). Le lys, frontispice à l'eau-forte de Henry de Groux, *Bruxelles et Paris*, 1888, plaquette in-16 papier velin sur couverture papier. — Sutter Laumann. Les meurt de faim, poésies, 3 eaux-fortes d Henry Mableaux. *Bruxelles, Kystemaeckers*, 1880, in-12 pap. de Hollande, couv. imp. *Tirage à* 333 *exemplaires.* — Verhaere (Emile). Contes de minuit, dessin de Théo Van Rysselberghe *Bruxelles, J. Finck*, 1884, br. in-8 de 18 pages, portrait frontispice de la collection de la jeune Belgique. — Ensemble 7 ouvrages br.

201 **Poètes** symbolistes, publiés chez *L. Vanier*. – Dauphin Meunier. L'heure en exil, 1891, in-12, papier vergé, couv. conservées. *Tirage à 250 exemplaires tous numérotés et signés par l'auteur. Exemplaire avec envoi.* — Moréas (Jean) Le Pelerin passionné, 1891, in-12, couv. imp. — Rettée (Adolphe). Cloches en la nuit, eau-forte d'Emile-H. Meyer. 1889, in-8 carré, couv. illustrée. *Un des 150 exemp. sur papier velin.* — Tailhade (Laurent). Vitraux 1891, in 8 carré de 51 pages, couv. imp. *Un des 500 exemp. sur papier de Hollande avec envoi d'auteur signé.* — Ensemble 4 ouvrages brochés.

202 **Prévost** (l'abbé). Histoire du chevalier Desgrieux et de Manon Lescaut. *A. Lemerre*, 1870, in-16 pap. vergé, cart. velin blanc à recouvrement, entièrement non rogné, portrait frontispice par Bracquemond.

Epuisé.

203 **Publications** diverses modernes avec illustrations. — Champsaur (Félicien). La divine aventure, *Paris, A. Savine*, s. d., plaquette in-12 de 12 pages, fig., couv. illustrée. *Un peu fatiguée.* — — Masques modernes, frontispice par Félicien Rops. *Paris, E. Dentu*, 1889, in 12, couv. illustrée en couleur de J. Frappa. *Quelques mouillures.* — Corbière (Tristan). Les amours jaunes, dessin à la plume, gravé à l'eau-forte. *Paris, librairie du XIXe siècle, Glady frères*, 1873, in-16 cart. bradel demi-toile, complètement non rogné. — Jean de Tinan. Erythrée conte orné par M. Delcourt. *Paris, édition du Mercure de France*, 1896, in-12 br. couv. imp. *Un des 275 exemplaires sur velin.* — Jouy (Jules). La muse à bébé. Chansons, illustrations de Gerlier. *Paris, Marpon*, s. d., in-16 br. — Ensemble 5 vol. dont un cartonné.

204 **Raretés** bibliographiques. Les plaisantes journées du sieur Favoral. Contes et discours facetieux publiés pour la première fois à Paris, par Jean Corrozet, 1615, réimprimés avec notes de Philomneste junior. *Genève, chez J. Gay et fils*, 1868, format in-18 cart. vélin blanc, double filet doré sur les plats non rogné.

Un des deux exemplaires sur peau de velin.

205 **Reybaud** (L.). Jérôme Paturot à la recherche d'une position sociale, édition illustrée par J.-J. Grandville, *Paris, J.-J. Dubochet et Cie*, 1846, gr. in-8, rel. toile pleine avec fers spéciaux, tr. dorées

Exemplaire de premier tirage dans un cartonnage très frais. Quelques jaunissures dans le papier.

206 — Jérôme Paturot à la recherche de la meilleure des Républiques, édition illustrée par Tony Johannot. *Paris, Michel Lévy*, 1849, gr. in-8 cart. toile avec fers spéciaux tr. dorées.

Premier tirage avec la planche représentant le général Cavaignac et le prince L. Napoléon.

207 **Richepin** (Jean). Les caresses. *Paris, G. Decaux*, s. d., demi-rel. mar. gris, tête dorée, non rogné, couv. conservées (*Lanscelin*).

Un des 60 exemplaires sur papier fort auquel on a ajouté 3 portraits à l'eau-forte de l'auteur et une lettre autographiee signée à Verlaine. Sur le faux titre se trouve une signature de Richepin.

208 — La chanson des gueux, édition définitive, revue et augmentée d'un grand nombre de poèmes nouveaux, d'une préface inédite et d'un glossaire argotique. *Paris, Dreyfous*, 1881, in-12 demi-rel. bradel,

mar. vert clair, titre sur une banderolle de mar. rouge, tête dorée, non rogné.

Un des 25 exemplaires sur papier de Hollande orné de 121 aquarelles originales, par E. Vincent, dont un frontispice reproduisant de façon symphonique, les poèmes les plus suggestifs du livre. Deux aquarelles couvrent entièrement la page.

209 — Les morts bizarres. *Paris, G. Decaux*, s. d., demi-rel. bradel dos et coins toile noire avec fers macabres, tête dorée, non rogné, couv. conservées.

Edition originale.

210 — La mer. *Paris, Dreyfous*, s. d. in-4, rel. pleine velin blanc, tête vert de mer, non rogné, couv. conservées.

Exemplaire sur papier velin auquel on a ajouté deux eaux-fortes de Pierre Morel. La reliure a été aquarellée sur le dos et les plats de motifs symboliques et le titre calligraphié en rouge et en noir.

211 — La mer, *Paris, Dreyfous*, 1886, in-12 cart. dos toile, non rogné, couv. conservées.

Exemp. enrichi de 50 dessins aux crayons de couleur par Pierre Morel.

212 **Rictus** (Jehan). Les Soliloques du pauvre, poésies. *Paris*, 1897, in-8, couv. imp. illustrée, portrait par Steinlein, demi-rel. janséniste, mar. violet foncé, grain long, genre bradel, coins, complètement non rogné (*P. Affolter*).

On y joint : la suite en feuille dans leur couverture de publication de huit lithographies en couleurs de Suayer, Paris, P. Dullau, épreuves sur chine.

213 **Rollinat** (Maurice). L'abîme, poésies. *Paris, Charpentier*, 1886, in-12, demi-rel. janséniste genre bradel, dos et coins mar. orange, complètement non rogné, couv. conservées.

Un des 50 exemp. numérotés sur papier de Hollande.

214 **Romantique.** Bauchery. La fille d'une fille, vignette sur chine par J. David. *Paris*, 1836, in 8, demi-rel. mar. violet, dos orné de fers dans le goût romantique, non rogné, couv. conservées (*Pouillet*).

Bel exemp. lavé et encollé.

215 **Romantiques** in-12, la plupart en seconde édition. — Calvimont (de) L'Amarante, causeries du soir, frontispice d'Henry Monnier. *Paris, Urbain Canel et Ad. Guyot*, 1833, in-12, cart. toile pleine, non rogné, couvertures conservées. — Faust, tragédie de Gœthe, nouvelle traduction complète en prose et en vers par Gérard, deuxième édition, *Paris, chez Mad. veuve Dondey-Dupré*, 1835, in-16, cart. velin blanc non rogné (*Pierson*), frontispice gravé. — Roger de Beauvoir, l'Ecolier de Cluny ou le Sophisme, seconde édition. *Paris, Fournier*, 1832, 2 vol. in-12 cart. toile, ébarbé, 2 frontispices sur chine volant, par Tony Johannot. — Stendhal (de), de l'Amour, seule édition complète augmentée de préfaces et de fragments entièrement inédits. *Paris*, 1853, in 12, cart., dos toile non rogné. — Vigny (A. de). Stello ou les Diables bleus, première consultation, seconde édition. *Paris, Ch. Gosselin*, 1833, 2 vol. in-12 br., couv. papier, 3 vignettes de Tony Johannot gravées sur bois, tirées sur chine volant (*quelques feuillets jaunis*). Ensemble 7 vol.

216 **Romantiques** demi-rel. veau de l'époque, tr. marbrées. — Barbot (Théophile de), Heures de poésie, *Paris, Sapia*, 1835, in-8. — Barthélemy et Méry, Napoléon en Egypte, poème en huit chants. *Paris*, 1828, gr. in-8. — Cordelier-Delanoue, le Barbier de Louis XI, publication de Ch. Lemesle, *Paris, Mad Ch. Béchet*, 1832, in-8, vignette frontispice de Tony Johannot. — Jacob (P.-L.), Recueil : Les Deux Fous, Histoire

du temps de François Ier (1524), *Renduel* (1830) La Mort de Coligny ou la Nuit de Saint Barthélemy (1572), scènes historiques, *Paris, H. Fournier jeune*, 1830, in-8. *Edition originale.* — Latouche (H. de), Vallée aux Loups, souvenirs et fantaisies, *Paris, A. Levasseur*, 1833, in 8. — Lavallée (Th. de), Jean Sans-Peur, duc de Bourgogne, scènes historiques, *Lecointe*, 1829, in-8. — Le Népenthès, contes, nouvelles et critiques. *Paris, chez Ladvocat*, 1833, 2 vol. in-8. — Martin (Henry), la Vieille Fronde (1648), *Publication de Ch. Lenesle, Paris, veuve Ch. Bechet*, 1832, in-8. — Régnier d'Estourbet, les Septembriseurs, scènes historiques. *Paris*, 1829, in-8. — Rességuier (le Cte Jules de), les prismes poétiques. *Paris, Allardin*, 1838, in-8. *Edition originale.* — Rességuier (le Cte Jules de), tableaux poétiques. *Paris, Urbain Canel*, 1828, in-8. — Romieu (A.), Proverbes romantiques, *Paris, chez Ladvocat*, 1827, in-8. — Soirées de Walter Scott à Paris, recueillies et publiées par M. P.-L. Jacob, bibliophile. *Paris, E. Renduel*, 1829, in-8, frontispice gravé sur bois. — Turquety (Ed.), Amour et Foi. *Paris et Rennes*, 1833, in-8. *Edition originale.* — Ensemble, 14 vol.

217 **Romantique.** — Le Lit de Camp, scènes de la vie militaire par l'auteur de la Prima-Donna et le Garçon boucher. *Paris, H. Souverain*, 1832, 2 vol. in-8, cartonnage toile brune, complètement non rognés, couv. conservées mais salies.

Envoi d'auteur signé. Ex-libris Ch. Morizet.

218 **Royer** (Alphonse) — Venezia la Bella, eaux-fortes de Célestin Nanteuil sur chine. *Paris, E. Renduel*, 1834, 2 vol. in-8, demi-rel. mar. orange, coins dos orné de jolis fers romantiques, couvertures conservées, quelques réparations (*Canape*).

Superbe exemplaire de l'édition originale complètement non rogné.

219 **Saint-Félix** (Jules de). — Cléopâtre, reine d'Egypte, roman. *Paris, Charpentier*, 1836, 2 vol. in-8, cart. toile, non rognés, couv. conservées (*Pierson*).

Bel exemplaire lavé et encollé.

220 **B. de Saint-Pierre.** — Paul et Virginie, dessins d'Emile Levy. *Edition Jouaust*, 1876, in-12 pap. vélin, texte encadré d'un filet rouge, br., couv. imprimée.

221 **Sainte-Beuve.** — Pensées d'août, poésies, *Paris. Renduel*, 1837, in-12, demi-rel. mar. orange, 2 filets sur les plats, pièce de maroquin bleu foncé portant le titre, tête dorée, non rogné.

Edition originale, on y a joint une poésie autographe de Sainte-Beuve, signée S.-B à M. de Salvaudy (2 p. in-12).

222 — — Volupté. *Paris, Renduel*, 1834, 2 vol. in-8, rel. de l'époque, veau bleu, dos et plats ornés de filets et fleurons argentés, tr. argentées. *Reliure signée.*

Edition originale.

223 **Saintine** (X.-B.). — La Mythologie du Rhin, illustrée par Gustave Doré, *Paris, Hachette*, 1862, gr. in-8 demi-bradel, mar. rouge, coins complètement non rogné.

Mouillures aux premiers feuillets.

224 **Sand (G.).** — Simon. *Paris, Félix Bonnaire*, 1838, in-8 cart. toile, non rogné.

Edition originale.

225 **Silvestre** (Armand). — Les Ailes d'or, poésies nouvelles (1878-1880). *Paris, Charpentier*, 1880, in-12, demi-rel. veau clair, tête dorée, non rogné (ex-libris). — La Gloire du souvenir, poème d'amour. *Paris, A. Lemerre*, 1872, in-16, demi-rel., dos et coins mar. rouge, tête dorée, non rogné. — Le Pays des roses, poésies nouvelles (1880-1882). *Paris, G. Charpentier*, 1882, in-12, demi-rel. veau, dos orné, tête jaspée, non rogné (ex-libris). — Poésies, Chansons des Heures (la), poésies nouvelles (1874-1878), in-12, demi-rel. mar. vert, tr. jaspées. — Poésies (1866-1874), les Amours, la Vie, l'Amour. *Paris, Charpentier*, 1875, in-12, demi-rel. veau blanc, non rogné. Ensemble 5 vol.

226 **Silvio Pellico**. — Mes prisons, suivies du discours sur les devoirs des hommes, traduction de M. Antoine de Latour, édition illustrée par Tony Johannot de cent beaux dessins gravés sur bois par les premiers artistes. *Paris, Charpentier*. 1843, gr. in-8, rel. mar. plein avec fers spéciaux, tr. dorées.

227 **Siméon Chaumier**. — L'évêque d'Autun. *Paris, P. Baudouin*. 1838, 2 vol. in-8 br., couv. imp.

228 **Souvenirs** de la marquise de Créquy, de 1710 à 1803, nouvelle édition revue, corrigée et augmentée. *Paris, Garnier*, s. d. (vers 1845), 10 tomes en 5 vol. in-12 cart. vélin blanc à recouvrement, avec titres calligraphiés rouge et noir, tête rouge, non rogné, portraits.

229 **Spoelbergh de Loverjoul** (Vte de). — Histoire des Œuvres de Théophile Gautier. *Paris, G. Charpentier*, 1887, 2 vol. in-8, demi-cart., dos et coins de toile grise, filets, absolument non rogné, couvertures conservées. avec 4 portraits et 2 autographes.

Un des 400 exemplaires sur papier de Hollande. Ex-libris Paul Bellom.

230 **Staël** (Mad. de). — Corinne ou l'Italie, nombreuses vignettes gravées sur bois. *Paris, Treuttel et Wurtz*, 1842, 2 vol. in-8, dans un cartonnage papier blanc glacé, avec décorations à l'encre bleue, tr. dorées.

Exemplaire frais.

231 **Stendhal** (Henry-Beyle). — L'Abbesse de Castro. *Paris, Dumont*, 1839, in-8, demi-rel., dos et coins mar. rouge, dos plats avec ornements dorés. fil., complètement non rogné, premier plat de la couverture conservé (*Champs*).

Bel exemplaire de l'édition originale lavé et encollé. Ex-libris Ch. Morizet.

232 — De l'Amour. *Paris. P Mongie aîné*, 1822, 2 vol. in-12, demi-rel., dos et coins de mar. bleu, dos orné, tête dorée, non rogné (*Ropartier*).

Edition originale.

233 **Sue** (Eugène). — Le Juif errant, édition illustrée par Gavarni. *Paris, Paulin*, 1845, 4 vol. gr. in-8, demi-rel. mar. brun, dos plat orné de filets et motifs romantiques, coins, filets, tête dorée, couv. imp. conservées, mais un peu salies.

Bel exemplaire lavé et encollé complètement non rogné. La couverture du tome premier n'est pas celle du volume La couverture du second plat manque au tome troisième.

234 **Suite** de 18 figures de Borel, pour les Mémoires du baron de Trenck, épreuves rognées au cadre et collées en plein sur papier coul., formant un album cartonné dos toile.

235 — de 26 lithographies au trait, par Muret, pour *Faust*. *Auvray*, s. d., album in-4 oblong, avec la couverture formant titre, demi-rel. de l'époque.

236 **Suite** de 109 gravures, d'après les dessins de Moreau le Jeune, pour les Œuvres complètes de Voltaire, nouvelle édition tirée sur les planches originales. *Paris, Garnier frères.*

Tirage en feuilles sur papier vergé teinté.

237 **Sully-Prud'homme.** — Stances et poèmes (1865-1866) : poésies (1866-1872) ; poésies (1872-1878) : poésies (1878-1879). *A. Lemerre*, 4 vol. in-12 couronne, br., portrait.

238 — Que sais-je ? examen de conscience sur l'origine de la vie terrestre, *Paris, A. Lemerre*, 1896, in 12 br., couv. imp.

239 **Tampucci** (Hte). — Poésies, nouvelle édition, augmentée de poésies nouvelles. *Paris, Paulin*, 1833, in-8, cart. toile, tr. jaspées, frontispice de C. Nanteuil.

240 **Théâtre.** — Recueil in-8, demi-rel. veau brun, coins, tr. marbrées, contenant : Charles VII chez ses grands vassaux, tragédie en 5 actes, par Alex. Dumas. *Paris*, 1831 (édition originale) ; Louis XI, tragédie en 5 actes et en vers par Casimir Delavigne, deuxième édition, 1832 ; La Reine d'Espagne, drame en 5 actes, par H. de Latouche, 1831, avec la lithographie représentant Monrose dans le rôle de Charles II.

241 **Theuriet** (André). — Jean-Marie, drame en un acte en vers, 1871, in-12. — Les Paysans de l'Argonne, 1792, in-12. — Le legs d'une Lorraine. *Paris, A. Lemerre*, 1871, in-16. — Ensemble 3 poésies cartonnées non rognées, tirées sur papier de chine, non numérotées.

242 **Toussenel** (Tristia). — Histoire des misères et des fléaux de la chasse en France. *Paris*, 1863, in-12 demi-rel. bradel mar. brun, non rogné.

Rare.

243 **Uzanne.** — Ornements de la femme (les). *Paris, May et Motteroz*, 1892, petit in-8, demi-rel., dos et coins mar. rouge, tête dorée, non rogné, couv. conservées. (*Bretault*).

Édition définitive, ornée de dix aquarelles ou dessins originaux de E.-A. Coulon, élève de Rops.

244 **Verlaine** (Paul). — Amour. *Paris, L. Vanier*, 1888, in-12, demi-rel. mar. vert, non rogné, couv. impr.

Édition originale.

245 — Bonheur. *Paris, Léon Vanier*, 1891, in-12 br., couv. imprimées, *très fraîches.*

246 — Chansons pour elle. *Paris*, 1891, in-12 br., non coupé, couv. très fraîches.

On a joint le manuscrit original de la strophe VIII.

247 — Choix de poésies, avec un portrait d'après Eugène Carrière. *Paris*, 1891, in-12 demi-rel. bradel, dos et coins de mar. rose, non rogné, couv. impr. (*Canape*).

Un des 10 exemplaires sur papier Japon.

248 — Liturgies intimes. *Paris, Léon Vanier*, 1892, in-16 br. couv. conservées.

Exemplaire auquel on a joint le manuscrit de la pièce à Charles Baudelaire, signé par l'auteur.

249 — Mémoires d'un veuf (les). *Paris, Léon Vanier*, 1886, in-12 br., couv. imprimée.

250 **Verlaine** (Paul). — Poèmes Saturniens. *Paris, A. Lemerre*, 1866, in-16, demi-cart. toile, complètement non rogné.

Exemplaire auquel on a joint une lettre autographe de P. Verlaine et le manuscrit de la poésie intitulée « Nevesmore ».

251 — Parallèlement. *Paris, Léon Vanier*, 1889, in-12, demi-rel, mar. vert clair, complètement non rogné, couv. conservées. (*Levasseur*).

Envoi d'auteur signé.

252 — Sagesse. Nouvelle édition revue et corrigée. *Paris, Léon Vanier*. 1889, in-16, demi-cart. toile bleue, non rogné, couv. conservées mais défectueuses.

253 — Bibliothèque de Saint-Graal, nº 1. Liturgies intimes. *Mars* 1892, *Paris, Bibliothèque de Saint-Graal*, in-16, demi rel. mar. rouge, non rogné, portrait de l'auteur, épreuve avant lettre sur Japon. Dans le même volume on a relié Liturgies intimes. *Edition Léon Vanier*, 1897, exemplaire avec ses couvertures.

254 — Quinze jours en Hollande, lettres à un ami, avec un portrait de l'auteur, par Ph. Zilcken. *La Haye et Paris*, s. d., petit in-4 br., papier de Hollande.

255 **Vermesch** (Eugène). — L'Infamie humaine, Préface de Paul Verlaine. *Paris, A. Lemerre*, 1890, in-18 jésus, pap. vélin, couv. imprimées. — Les Printemps du Cœur. *Paris, Sausset*, in-18, cartonné bradel toile rose, dos et coins, non rogné, couv. imprimées. — Saltimbanques et Pantins. Réponse au Syllabus de M. A. Weill. *Paris*, 1865, br. in-8 de 16 p. Ensemble 3 ouvrages dont un cartonné.

256 **Vigny** (Alf. de). — Chatterton, drame. *Paris, Hipp. Souverain*, 1835, in-8, frontispice s r chine par Ed. May, demi-rel. bradel, dos et coins mar. bleu, couv. conservées (*Champs*).

Superbe exemplaire de l'édition originale auquel on a ajouté un portrait.

257 — Cinq-Mars ou une conjuration sous Louis XIII. *Paris, collection A. Lemerre, maison Quantin*, 1889, 2 vol. grand in-8, demi-rel, dos et coins mar. vert, dos plat orné de jolis fers en long style romantique, double filet, couv. imprimées, tête dorée, non rogné.

258 — Les Destinées, poèmes philosophiques. *Paris, Michel Levy*, 1864, in-8, demi-rel. dos et coins mar. bleu, couvertures imprimées, avec envoi d'auteur signé à M. L. Ratisbonne.

259 **Villiers de l'Isle-Adam.** — Nouveaux contes cruels. *Paris*, in-12, demi-rel. veau marbré, dos orné de fers symboliques, tête dorée, non rogné, couvertures conservées (*Ch. Meunier*).

Reliure appropriée au sujet de l'ouvrage qui a été illustré par J. Coulon (élève de Rops de six compositions originales.

260 — Contes cruels. *Paris, Calmann-Levy*, 1883, in-12 cartonné toile, complètement non rogné, couv. conservées.

Edition originale.

261 **Villon** (Œuvres de). — *Paris, Librairie des Bibliophiles*, 1877, in-8, demi-rel. bradel. dos et coins mar. chaudron, dos plat orné de fers symboliques de la composition de Ch. Meunier.

Bel exemplaire tête dorée, non rogné, avec les couvertures et le dos de la couverture conservés, ornés de 29 aquarelles originales de J. Coulon rappelant la manière du dessinateur Robida.

262 **Voltaire** (Le sottisier de), publié pour la première fois d'après une copie authentique faite sur le manuscrit autographe conservé au musée de l'Ermitage à Saint-Pétersbourg, avec une préface par L. Léouzon le Duc. *Paris, Librairie des Bibliophiles,* 1880, broch. in-8, demi-rel, dos et coins mar. violet foncé, dos orné, filets, tête dorée, non rogné, couv. imprimées, portrait de Voltaire.

Un des 20 exemplaires sur Chine.

263 **Wallon** (H.), — Jeanne d'Arc. — Edition illustrée d'après les monuments de l'art depuis le XVe siècle jusqu'à nos jours. — Troisième édition. *Paris, Firmin Didot,* 1877, demi-rel., mar. bleu, couv. conservées.

264 **Werther**, traduit de l'allemand par M. de Sèvelinges. Nouvelle édition, ornée de gravures. *Paris, G. Dentu,* 1825, petit in-12, pap. velin, demi-rel, dos et coins mar. vert, dos orné, double filet, tête dorée, non rogné. Jolies figures dessinées par Berthon, gravées par Duplessis-Bertaux.

Epreuves avant lettre.

265 **Wilde** (Oscar). — Ballade de la geôle de Reading, traduction française par Henry Davray. *Paris. Société du Mercure de France,* 1898, in-12 br., couv. imprimées.

Un des douze exemplaires sur papier de Hollande.

266 **Zola** (Emile). — L'Assommoir. Edition illustrée. *Marpon et Flammarion,* grand in-8, demi-rel. janséniste, dos et coins mar. orange, filet, tête dorée, non rogné.

Un des 130 exemplaires numérotés avec la double suite des gravures sur Chine.

267 — Nana. Edition illustrée par André Gill, Bertall. G. Bellenger, Bigot, Clairin, etc. *Paris, Marpon et Flammarion,* 1882, grand in-8, demi-rel. mar. orange, coins, fil., tête dorée, non rogné.

Un des 100 exemplaires sur papier de Hollonde avec la double suite des gravures sur Chine.

268 — Mes haines. — Causeries littéraires et artistiques (Mon Salon, 1866). — Ed. Manet. — Etude biographique et pratique. — Nouvelle édition. *Paris. Charpentier,* 1879, in-12, demi-rel., dos et coins mar. rouge, dos orné, double filet, tête dorée, non rogné (*L. Pouillet*).

269 — La débacle. *Paris, Charpentier,* 1892, in-12, demi-rel. bradel, mar. rouge, non rogné, couv. conservées.

Un des 330 exemplaires sur papier de Hollande.

270 — Les trois Villes. — Rome. *Paris, Charpentier,* 1896, in-18, demi-rel. genre bradel, mar. bleu, coins, dos orné d'attributs symboliques mosaïqués en maroquin couleur, de la composition de *Ch. Meunier,* non rogné, couv. conservées.

Un des 300 exemplaires sur papier de Hollande de l'édition originale.

271 — Nouveaux contes à Ninon. — 2 frontispices et 30 compositions dessinées à l'eau forte par Ed. Rudaux. *Paris. L. Conquet.* 1886, 2 vol. in-16 br., couv. imprimées.

Un des 350 exemplaires sur papier velin à la forme.

Réunion de quatre ouvrages de Zola, avec dessins originaux

272 **Zola.** — L'Assommoir. *Paris, Charpentier*, 1877, un tome en deux vol. in-12, demi-rel. dos et coins de mar. rouge, dos orné, tête dorée, non rogné (*Lanscelin*).

Edition originale. Un des 150 exemplaires sur papier de Hollande auquel on a ajouté ; 1° Un portrait de l'auteur par Desboutins ; 2° 10 aquarelles originales sur japon par Dillon ; 3° 21 photographies des principaux personnages du roman ; 4° deux eaux-fortes de H. Toussaint, d'après M. Goeneutte en double état ; 5° deux lettres autographes de l'auteur et de P. Alexis ; 6° le manuscrit autographe d'une nouvelle de P. Alexis. Lettre de Nana à sa tante, Mad. Lerat, devenue concierge à Lyon, 8 p. in-8.

273 — L'Œuvre, *Charpentier*, 1886, in-12 demi-rel, dos et coins de mar. rouge à nerfs, dos ornés, tête dorée, non rogné (*Lanscelin*).

Un des 175 exemplaires sur papier de Hollande, enrichi de 77 aquarelles originales de Vincent, 5 portraits de l'auteur ajoutés.

274 — La Bête humaine. *Paris, Charpentier*, 1890, in-12 demi-rel., dos et coins mar. rouge, dos orné et à nerfs orné de fers dorés, titre sur bande mar. vert, tête dorée, non rogné, couvertnre conservées (*Lanscelin*).

Eexemplaire sur papier de Hollande, illustrée par J. Belon de 22 aquarelles originales Portraits de Zola par Liphart et Toussaint ajoutés.

275 — La Terre. *Paris, Charpentier*, 1887, in-12, demi-rel. mar. rouge, dos à nerfs orné de fleurs mosaïquées, coins, tête dorée, non rogné, couv. conservée (*Lanscelin*).

Edition originale sur papier de Hollande. On y a joint : le portrait en quadruple état de l'auteur, dont 3 de Toussaint et un au crayon par A. Hanotaux, qui a illustre ce volume de 20 dessins originaux, exécutés au crayon de couleur. Le choix des scènes a éte fait avec beaucoup de tact, et l'exécution est très artistique.

Reliures anciennes et modernes

276 **Album** de la jeunesse. *Paris, L. Janet*, 1831, in-12, mar. bleu foncé, grains longs, filets dorés sur le dos et les plats, tr. dorées, figures anglaises gravées sur acier, épreuves avant lettre.

277 **Arène** (Paul). — Œuvres : Jean des Figues, Le Roi d'Entray, Clos des Ames, *Paris, Lemerre*, 1884, in-18 mar. vert janséniste, large dentelle intérieure formée par une guirlande de feuillages, tr. dorées, sur brochure, couv. conservées (*David*).

Un des 15 exemplaires sur papier de chine, auquel on a ajouté les portraits de Paul Arène et de Roset, par E. Abot, en deux états. Epreuves signées par l'artiste.

278 **Augier** (E). — Un Homme de bien. *Paris, Furne et Cie*, 1844, in-12 rel. pleine chagrin violet, dos et plats ornés d'entrelacs dorés, filets intérieurs entourant les gardes en moire jaune, tr. dorées.

Bel exemplaire avec envoi d'auteur signé.

279 **Baour-Lormian.** — Veillées poétiques et morales, quatrième édition, *Paris, L. Janet*, in-16 mar rouge, grain long, dos orné, filets avec encadrement dentelle sur les plats tr. dorées, figures.

Exemplaire sur papier velin, dans une reliure de l'époque, quelques jaunissures, titre grave.

280 **Berthoud** (H.). — Contes misanthropique, publiés par *Charles Lemesle*. *Paris*, 1831, in-8 demi-rel veau rouge, fers à froid et dorés, tr. marbrées.

Jolie reliure de l'époque.

281 **Bossuet.** — Discours sur l'Histoire universelle. Edition augmentée des nouvelles éditions et des variantes de texte, *Paris, Lefèvre*, 1823, 2 vol., in-8, rel. pleine de l'époque, veau violet, dos orné fers à froid et filets sur les plats, tr. dorées.

282 **Bouilly** (J. S.). — Adieux du vieux conteur. *Paris, L. Janet*, s. d. rel veau rouge, très jolis fers à froid, filets dorés, tr. dorée, gravures anglaises, portrait.

Nombreuses jaunissures dans le papier.

283 **Fénelon.** — Explication des maximes des saints sur la vie intérieure, *Paris*, 1697, in-12 mar. vert foncé janséniste, tr. dorées, dent intérieure.

Edition originale.

284 **Gœthe.** — Les souffrances du jeune Werther, traduites par le comte Henri de la B. .. (Bedoyère), seconde édition, gravure de Tony Johannot, *Paris, imprimerie Crapelet*, 1810, in-8 rel mar. rouge, dos et plats ornés de filets dorés, tr. dorées (Armoiries sur les plats).

285 **Gresset** (Œuvres choisies de). — Précédées d'un essai sur sa vie et ses écrits, par Campenon, 1 figure. *Paris, Janet et Cotelle*, 1823, in-8, rel. veau vert, fers et dentelle à froid, filets sur le dos, tr. dorées.

Reliure signée « Thouvenin » de toute fraîcheur.

286 **Hervilly** (Em. d') et A. Grévin. — Le Bon Homme Misère, légende en en trois tableaux, en vers. *Paris, G. Charpentier*, 1877, in-12, rel. chagrin noir, dos et plats ornés d'attributs macabres, tête dorée, non rogné, couv. conservées.

On a ajouté à l'exemplaire trois reproductions sur papier de Chine, des illustrations parues dans divers journaux pour plusieurs scènes de l'ouvrage. Envoi d'auteur, signé d'Hervilly, à Mme L. Duquesnel.

287 **Hugo** (Victor). — Œuvres complètes. Poésie : Les Chants du Crépuscule. *Paris, E. Renduel*, 1835, rel. veau plein, filets et fleurons sur les plats dorés, tr. dorées.

Reliure de l'époque en bon état.

288 — Notre-Dame de Paris. Edition illustrée d'après les dessins de MM. de Beaumont, Bellanger, Daubigny, Tony Johannot, etc., gravés par les artistes les plus distingués. *Paris, Perrotin et Gasnier frères*, 1844, gr. in-8, rel. pleine mar. vert avec fers spéciaux sur le dos et les plats, tr. dorées.

Sur le titre sont gravées la Cathédrale de Paris et la Chauve-Souris. La reliure, bien conservée, est ornée de fers dorés et d'une jolie composition.

289 — Odes et Ballades. *Paris, Renduel*, 1834, 2 vol. in-8, rel. mar. rouge, triples filets dorés sur les plats, dos orné, dentelle intérieure, tr. dorées, couv. conservées (*Chambolle-Duru*).

290 — Odes et Ballades, quatrième édition augmentée de l'Ode à la Colonie et de 10 pièces nouvelles. *Paris, Ch. Gosselin et Hector Bossange*, 1829, 2 vol. in-8, rel. veau vert, dentelles à froid, filets dorés sur le dos et sur les plats (rel. de l'époque).

Les deux figures qui décorent cette édition sont tirées sur papier de Chine bleu. Les volumes sont tomés 1 et 2.

291 — Les Orientales. *Paris, Ch. Gosselin et Hector Bossange*, 1829, in-8, rel. pleine veau vert, dentelles à froid sur les plats, filets dorés sur le dos et plats, figure du Clair de Lune tiré sur chine, titre orné de la vignette sur bois « les Djinns », tr. marbrées.

Exemplaire de l'édition originale des *Orientales*, dans une reliure de l'époque, bien conservée. Le volume est tomé 3, car il fait collection avec les deux volumes précédents tomes 1 et 2.

292 **Keepsake, 1833** (The). — *London, published for the proprietor by Longman and Co*, in-12, rel. pleine mar. rouge, dos orné et fers sur les plats, tr. dorées et 17 gravures sur acier.

293 **Lamartine.** — Harmonies poétiques et religieuses. Troisième édition. Vignettes sur les titres. *Paris. Ch. Gosselin*, 1830, 2 vol. in 8, rel. veau brun, dos et plats ornés de fers à froid, de filets dorés. tranches jaspées.

Jolie reliure de l'époque. La teinte du dos des volumes est un peu passée.

294 **Legouvé.** — Le Mérite des Femmes et autres poèmes. *Paris, L. Janet*, s. d., in-12, rel. mar. rouge, dentelles et motifs à froid, filets dorés sur le dos et les plats, tr. dorées, figures.

Spécimen bien conservé d'une belle reliure du commencement du XIXe siècle.

295 **Marie** (Anna). — L'Ame exilée. Légende. Sixième édition. *Paris, Deloye*, 1840, petit in-12, demi-rel. veau rouge de l'époque, dos orné de jolis fers, tr. marbrées, figure.

296 **Molière** (Œuvres complètes de). — Edition revue sur les textes originaux, précédée de l'éloge de Molière par Chamfort et de sa vie par Voltaire et ornée de culs-de-lampe gravés par les meilleurs auteurs. *Paris, A. Dupont, A. Sautelet-Verdière*, 1825, in-8, demi-rel. de l'époque, dos et coins veau vert, dos orné de fers dores, double filet.

Edition rare imprimée en caractères microscopiques dans une jolie reliure de Duplanil, un peu fatiguée, taches et jaunissures dans le papier.

297 **Montesquieu.** — Œuvres complètes précédées de son éloge par d'Alembert. Nouvelle édition. *Paris, L. de Bure*, 1827, gr. in 8, rel. pleine veau violet, fers à froid et filets dorés sur les plats avec décors à compartiments, dos orné de motifs dorés, tr. dorées.

Remarquable reliure, signée Simier, de toute fraîcheur. Le papier a quelques jaunissures.

298 **Racine** (J.) (Œuvres complètes de). — Revues avec soin sur toutes les éditions de ce poète, avec des notes extraites des meilleurs commentateurs, par P.-R. Auguis. *Paris, librairie de Fortic*, 1826, gr. in-8, rel. veau plein, fers à froid et filets sur les plats, dos orné du fer dit « à la Cathédrale », tr. dorées (*Bibolet*).

Texte à deux colonnes encadré, caractères très fins, quelques jaunissures dans le papier.

299 **Reliure armoriée.** — L'Année chrétienne, dédiée à la Reine. Seconde édition augmentée. *Paris*, 1770, 3 tomes in-12, pap. vélin, rel. pleine mar. rouge, dos orné, filets et fleurons sur les plats, tr. dorées.

Armoiries sur les plats. La reliure du premier volume est noircie par l'usage.

300 — Le duc de Guise à Naples ou Mémoires sur les révolutions de ce royaume en 1647 et 1648 *Paris, Ladvocat*, 1825, in-8, rel. mar. violet à grain long, dos orné, fers à froid et filets dorés sur les plats. tr. dorées.

Jolie reliure signée Simier. aux armes de la duchesse de Berry, avec l'ex-libris de la bibliothèque de Rosny et celui du vicomte Garcin de Larnage

301 **Reliure symphonique.** — Casques fleuris. *Lyon, Bernoux et Cumin*, 1895, petit in-8, papier vergé, dos et coins mar. orange, dos orné, fil., tête dorée, non rogné, couv. conservées (*Pagnant*).

Exemplaire orné de 28 dessins originaux à l'aquarelle de J. Coulon.

302 **Saint-Pierre** (B. de). — Paul et Virginie, suivi de la Chaumière indienne. *Paris, Louis Janet*, s. d., in-16, rel. pleine veau rouge, dos et plats ornés de fers à froid, filets noirs, tr. dorées, titre gravé donnant le portrait de B. de Saint-Pierre, figures de Desenne.

Curieuse reliure signée Thouvenin.

303 **Saint-Pierre** (B. de). — Etudes de la nature. Nouvelle édition revue et corrigée, avec 10 planches en taille-douce. *De l'imprimerie de Crapelet, Paris, chez Deterville, an XII*, 1804, 5 vol. in-8, rel. veau fauve, dentelles sur les plats, tr. dorées.

304 **Spanheim** (De). — Histoire de la Papesse Jeanne fidèlement tirée de la dissertation latine de M. de Spanheim, par Lenfant. Seconde édition augmentée. *La Haye, Henry-Scheurleer*, 1720, 2 vol. in-12, rel. moderne mar. vert, dos orné, triple filet doré sur les plats, tr. dorées, aux armes du marquis de Villeneuve-Trans (*Cuzin-Simier*).

Cachet sur le titre. Exemplaire avec témoins. Mouillures à quelques pages du catalogue des livres de Henri Scheurleer, relié à la fin du tome II.

305 **Tastu** (Mme Amable). — Poésies, par Mme Amable Tastu. Quatrième édition publiée par Amb. Dupont et Cie, gravures sur chine, rel. pleine veau, filets et dentelles sur les plats, tr. dorées.

Exemplaire dans une reliure bien conservée de Martin, dentelles à froid, filets noirs et dorés, tr. dorées.

306 **Valout** (G.). — Souvenirs des résidences royales de France. Palais de Versailles. *Paris, Firmin Didot*, 1837, in-8, rel. pleine mar. bleu marine, grain long, dos orné, filets et ornements à coins brisés, plats décorés de filets formant compartiment, dans le goût de l'époque, tr. dorées, dentelle intérieure.

Specimen d'une remarquable conservation : jolie reliure de Simier avec sa signature.

307 **Zarucma.** — *Treurspel gevolgd naar het Fransche van den Heer Cordier*. Une figure de Punt. Un fleuron de Fokke sur le titre et une jolie vignette en tête de la dédicace. *Te Amsterdam*, 1765, petit in-8, dans une très belle reliure mar. rouge, dos orné aux petits fers, large dentelle et rosace étoilée sur les plats, tr. dorées, garde papier bleu avec dentelle et décors dorés, double garde papier marbré.

Exemplaire du présent dans une riche reliure bien conservée.

308 Ouvrages non catalogués.

ORDRE DE LA VENTE

PREMIÈRE VACATION

Mercredi 5 Juin

N° 1 à 84.
» 86 à 111.
» 113 à 160.
» 85.
» 112.

DEUXIÈME VACATION

Jeudi 6 Juin

N° 186 à 271.
» 276 à 308.
» 161 à 185.
» 272 à 275.

Orléans, imp. Georges MICHAU et Cie

www.ingramcontent.com/pod-product-compliance
Ingram Content Group UK Ltd.
Pitfield, Milton Keynes, MK11 3LW, UK
UKHW020513180726
13839UKWH00005B/2066

9 782329 539751